君は天皇をどうしたいのかね？

装丁・デザイン　竹歳明弘
取材・編集協力　広瀬　温
写真提供　明石元紹
共同通信社
毎日新聞社

2016年8月8日、立ち止まって天皇陛下のビデオメッセージに耳を傾ける人びと。大阪市中央区にて。

天皇 ビデオメッセージ

（象徴としてのお務めについての天皇陛下のおことば、宮内庁ＨＰより）

戦後七〇年という大きな節目を過ぎ、二年後には、平成三〇年を迎えます。

私も八〇を越え、体力の面などから様々な制約を覚えることもあり、ここ数年、天皇としての自らの歩みを振り返るとともに、この先の自分の在り方や務めにつき、思いを致すようになりました。

本日は、社会の高齢化が進む中、天皇もまた高齢となった場合、どのような在り方が望ましいか、天皇という立場上、現行の皇室制度に具体的に触れることは控えながら、私が個人として、これまでに考えて来たことを話したいと思います。

即位以来、私は国事行為を行うと共に、日本国憲法下で象徴と位置づけられた天皇の望ましい在り方を、日々模索しつつ過ごして来ました。伝統の継承者として、これを守り続ける責任に深く思いを致し、更に日々新たになる日本と世界の中にあって、日本の皇室が、いかに伝統を現代に生かし、いきいきとして社会に内在し、人々の期待に応えていくかを考えつつ、今日に至っています。

そのような中、何年か前のことになりますが、二度の外科手術を受け、加えて高齢による体力の低下を覚えるようになった頃から、これから先、従来のように重い務めを果たすことが困難になった場合、どのように身を処していくことが、国にとり、国民にとり、また、私のあとを歩む皇族にとり良いことであるかにつき、考えるようになりました。既に八〇を越え、幸いに健康であるとは申せ、次第に進む身体の衰えを考慮する時、これまでのように、全身全霊をもって象徴の務めを果たしていくことが、難しくなるのではないかと案じています。

私が天皇の位についてから、ほぼ二八年、この間《かん》私は、我が国における多くの喜びの時、また悲しみの時を、人々と共に過ごして来ました。私はこれまで天皇の務めとして、何よりもまず国民の安寧と幸せを祈ることを大切に考えて来ましたが、同時に事にあたっては、時として人々の傍らに立ち、その声に耳を傾け、思いに寄り添うことも大切なことと考えて来ました。天皇が象徴であると共に、国民統合の象徴としての役割を果たすためには、天皇が国民に、天皇という象徴の立場への理解を求めると共に、天皇もまた、自らのありように深く心し、国民に対する理解を深め、常に国民と共にある自覚を自らの内に育てる必要を感じて来ました。こうした意味において、日本の各地、とりわけ遠隔の地や島々への旅も、私は天皇の象徴的行為として、大切なものと感じて来ました。皇太子の時代も含め、これまで私が皇后と共に行《おこな》って来たほぼ全国に及ぶ旅は、国内のどこにおいても、その地域を愛し、その共同体を地道に支える市井《しせい》の人々のあることを私に認識させ、私がこの認識をもって、天皇として大切な、国民を思い、国民のために祈るという務めを、人々への深い信頼と敬愛をもってなし得たことは、幸せなことでした。

天皇の高齢化に伴う対処の仕方が、国事行為や、その象徴としての行為を限りなく縮小していくことには、無理があろうと思われます。また、天皇が未成年であったり、重病などによりその機能を果たし得なくなった場合には、天皇の行為を代行する摂政を置くことも考えられます。しかし、この場合も、天皇が十分にその立場に求められる務めを果たせぬまま、生涯の終わりに至るまで天皇であり続けることに変わりはありません。

天皇が健康を損ない、深刻な状態に立ち至った場合、これまでにも見られたように、社会が停滞し、国民の暮らしにも様々な影響が及ぶことが懸念されます。更にこれまでの皇室のしきたりとして、天皇の終焉に当たっては、重い殯《もがり》の行事が連日ほぼ二か月にわたって続き、その後喪儀《そうぎ》に関連する行事が、一年間続きます。その様々な行事と、新時代に関わる諸行事が同時に進行することから、行事に関わる人々、とりわけ残される家族は、非常に厳しい状況下に置かれざるを得ません。こうした事態を避けることは出来ないものだろうかとの思いが、胸に去来することもあります。

始めにも述べましたように、憲法の下《もと》、天皇は国政に関する権能を有しません。そうした中で、このたび我が国の長い天皇の歴史を改めて振り返りつつ、これからも皇室がどのような時にも国民と共にあり、相たずさえてこの国の未来を築いていけるよう、そして象徴天皇の務めが常に途切れることなく、安定的に続いていくことをひとえに念じ、ここに私の気持ちをお話しいたしました。

国民の理解を得られることを、切に願っています。

目次

はじめに

二〇一六年（平成二八）八月八日の天皇の「お言葉」ではじまった退位の議論が一段落した翌二〇一七年、こんどは天皇の初孫である眞子《まこ》内親王の婚約報道で、皇室のありかたへの議論がさらに深まった。

すなわち、天皇の退位問題では、政府や議員、多くの有識者、国民がさまざまな意見を開示し、天皇家の歴史への関心と理解を深める大きな契機となった。この議論の高まりのなかで、過去に譲位した天皇やその譲位のありかた、譲位後の上皇と天皇との関係などに関する多くの声や考えがマスコミをにぎわした。また、天皇の公務の実態、その位置づけ、今後のありかたなどへの議論も深まった。

その話題が落ち着きはじめたころ、こんどは眞子内親王の婚約という朗報が流れた。多くの国民がこの朗報をうれしく受けとめ、心より祝っている。同時に、このことは皇室の抱えている退位とは別の問題も思い起こさせた。女性宮家創設である。眞子内親王の婚約は、女性皇族がひとり減少したことを実感させるばかりでなく、将来の女性皇族方の婚姻のさきがけとなり、現在の法律のままでは、時間とともに皇族が減少していくことを、だれの目にも明らかにさせた。

現在の皇室典範の規定に従えば、将来において、皇位継承権のある男系男子は秋篠宮《あきしののみや》家の悠仁《ひさひと》親王のみになってしまう。内親王や女王方も、将来の婚姻で皇族でなくなってしまう。そうした結果、未来の皇室は悠仁親王とそのお妃、皇子女の数名だけになってしまい、いわゆる公務を担う皇族がいなくなってしまう懸念がある。

公務の沈滞は、皇室と国民、ひいては日本と世界の交流の沈滞にもなり、社会の生産性などにも影響が出ると想定されている。

こうした事態を避けるため、女性皇族方が結婚後も皇室にとどまれるような法的整備をしようとしたのが、女性宮家の創設案であった。しかし、女性宮家の創設は、将来の女系天皇へつながるとして、男系天皇を重視する人びとが猛反発して、実現の道が阻まれている。

今後、女性宮家創設、女系天皇容認の議論が活発になっていくだろう。他方、男系重視の人びとのさらなる反発も必至であり、女系か男系かをめぐって多くの論者が、それぞれの声を高めるであろう。男系論とは、過去の歴代天皇の父親はすべて天皇であったことから、天皇以外の男子の子が天皇になることは伝統にないと反対する意見である。他方、女系論は、側室制度もなくなった時代、もはや将来の男系継承は難しく、天皇の世襲制を維持するためには女性の天皇を認め、さらには天皇の血筋にないその男子配偶者との子の継承も認めるしかないとする意見である。

こうした議論は、国民の皇室理解に深まる情報も多く提示されて有益な面もある。とはいえ、なかには政治的感情的議論も多く、将来の皇室をどうしたいのかの具体的な像をまったく描いていないのも、たしかである。

皇室は戦後長く、「国民とともに歩む」姿を大きな理念としてきた。他方、国民のなかにその理念への賛否が存在するのも事実である。そもそも、国民の側は皇室をどうしようとしていたのだろうか、今後、どうしようとしているのだろうか、その原則がまったくないのも現実である。退位の賛否、女系天皇の賛否、これらは皇室の一部分での議論であり、国民と皇室との関係の未来像を描いた結果の議論にはなっていない。すべて「局地戦」であり、その「局地戦」が、将来の国民と皇室との関係にどのような結果をもたらし、さらには日本社会と世界のよりよき発展にどのように寄与するのか考えていない。

こうした議論を一蹴する皇室廃止論者すら、皇室がなくなってのちの日本社会のありかたの具体像を、「夢想」以上には描けていない。

本書は、そうした視点に立ち、「君は天皇をどうしたいのかね?」をタイトルとした。今上天皇のご学友（厳密には同級生）の明石《あかし》元紹《もとつぐ》さんが私に言った言葉は「君は皇室をどうしたいのかね？」であったが、あえて「皇室」を「天皇」として焦点を絞った。いま皇室の問題に関心をもつ多くの人びとにも（もたない人びとにも）、投げかけられるべき言葉と思ったからである。いたずらに議論を重ねても、問題の解決にはならない。未来のあるべき理想像が明確に描かれ、そこにいたる現実的道筋が具体的に想定できなければ、道は逸《そ》れていく。

退位や女系は、現代皇室が抱える問題の一側面でしかないのだ。現代の皇室は、伝統、宮中儀式、公務のありかた、国民との関係、国際紛争への対応など、外的な業務のみならず、個々の皇族の人権や婚姻の自由、経済的自立など、内的な状態も多くの課題を抱えている。長い歴史があるだけに、多様化する現代社会への対応も難度が高まっている。その問題は憲法九条改正以上に深刻なのである。

本書はそのすべてを提示してはいない。しかし、意味なく「局地戦」化する多くの皇室議論に、ひとつの道筋を投げかける一書となれば幸いである。

近現代の皇室系図

明治天皇以後の内廷皇族とその末裔たち。夭折した皇子や皇女たちは除いた。（2017年7月10日現在）

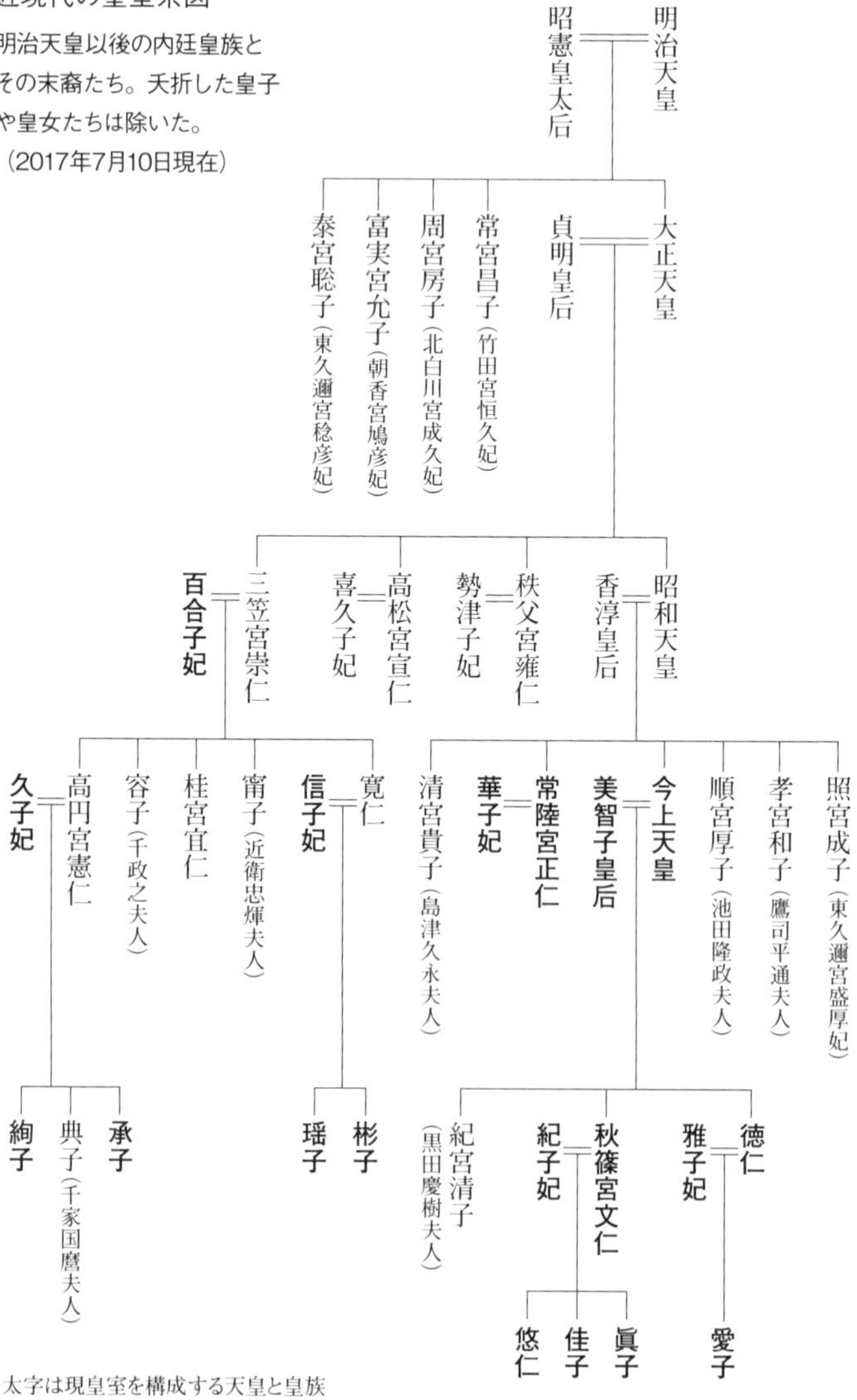

＊太字は現皇室を構成する天皇と皇族

第一部――天皇のお言葉と皇室

小田部雄次

明石元紹さんとの出会い

リベラルな硬骨漢

明石元紹《あかしもとつぐ》さんとはじめて会ったのは、二〇一六年（平成二八）一〇月三〇日（日）だった。二日前の二八日に天皇退位のための有識者会議のヒアリングメンバーが公表され、これから天皇の退位をめぐる議論がはじまろうとする時期で、場所はお台場のフジテレビの控室。ともに七時三〇分からの生放送番組である「新報道二〇〇一」に出演するために呼ばれていた。

はじめて会った明石さんは、がっしりした上半身で、きびしい彫りの深い顔だった。が、目は微笑《ほほえ》んでいた。「明石です」と、先に名刺を出された。明らかに私より年長者であり、腰の低さに恐縮してしまった。「マイルドな紳士」だった。

あわてて私も名刺を出すと、「ご専門はなんですか？」と聞かれた。「日本近現代史を専攻しています。いまは皇室史が中心ですが、戦争史などもやって……」と言いかけて、「明石」という苗字を思い出した。「明石……。明石元二郎《もとじろう》……」。

明石元二郎は、ロシア革命を背後から支援して、日露戦争を日本有利に導いた大日本帝国陸軍軍人であり、近代史を学ばなくとも、多くの人がいちどはその名を耳にしたことがある歴史上の著名人である。

初対面でもあり、私はそのまま口をつぐんだ。明石さんも何も言わなかった。明石さんの後に続いてスタジオに入ると、すでに司会者の須田哲夫氏ほか番組のスタッフが待っていた。

この日は、円座となり、司会者を起点にして時計回りにフジテレビ報道局上席解説委員の平井文夫氏、元文部科学大臣で自民党幹事長代行の下村博文氏、明石さん、産経新聞ワシントン駐在編集特別委員兼論説委員の古森義久氏、そして私が座った。話題は天皇の退位問題で、司会者の須田氏がそれぞれの意見を求めた。

平井氏は、生前退位は年内に結論を出し、年明けの通常国会で全会一致可決する、平成三〇年に天皇陛下から皇太子さまに譲位され元号も変わる、などの情報を伝えた。いつどこでどんな権限でだれがそんなことを決めたのだろうかと、私はいぶかったが、退位の方向は決まったのだとの安堵感もあった。

つづいて、下村氏は、皇室典範の改正の是非について、天皇陛下一二五代のなかで半分近くが生前退位だった。しかし、混乱が生じることもあったため、明治以降は一世一代と決めたという経緯があるも、「陛下のお言葉」に国民は謙虚に対応すべきであり、日本国憲法第一章第一条にある「日本国民の総意」という観点から考えるなら、有識者会議でたたき台をつくって国会で議論し、特例法をつくるというのは有力な考えかただと思う、と話した。これも退位の方針がすでに決まっているとの政府・自民党側の公式見解といえた。

いっぽう、明石さんは、天皇の生前退位の意向について、亡くなる直前まで天皇として務めることはかえって国事に迷惑がかかるのではないかというお気持ちがその裏にあり、自分の代だけでなくこれからのことも議論してほしいというメッセージがある、と語り、政府の拙速な対応に疑問を呈した。

さらに、明石さんは、退位問題に対する政府の取り組みは不満であり、陛下のメッセージをしっかり捉えていないと述べた。有識者会議で議論する話ではなくもっと長い目で日本を見るべきであり、安倍晋三首相が有識者会議で提案をしたときに「公務の軽減を中心に」という言葉がついていたが、陛下は「公務を軽減してくれ」とは一言も言っていないと語気を強めた。

これについて下村氏は、陛下のお言葉は国民・国会・政府が最大限謙虚に受け止めて対応するのは当然のこと、いっぽうで我が国では天皇陛下の長い歴史がある、その歴史を大切にしながらも天皇陛下のお言葉に対してどう受け止めるかだが、まずは有識者会議で論点を整理し、国会に法案を出す準備をするということは与党でも了承していると、答えた。

番組が終わっても、控室で、平井・下村・古森・明石の各氏で、退位をめぐる議論が展開された。明石さんが天皇の意志の尊重を述べると、古森氏は、天皇は政治的に動いたことになると反論するなど、天皇に寄り添う明石さんと、これに対立する古森氏との違いが鮮明だった。

こうした対立の背景には、戦後の民主的、平和的な象徴天皇を是《ぜ》とする人びとと、国民に寄り添いすぎて被災者にまで膝をついて慰問するという今上天皇の姿に共感できないという戦前型の天皇像・皇室像を信奉するする人びととの、認識の違いがあった。そうしたなかで、硬派の大日本帝国軍人であった明石元二郎の孫である明石さんが、ソフトでリベラルな天皇像を支持していることに、正直、驚いた。同時に、憶《おく》せず堂々と持論を展開する姿は、たしかにかつての大戦争を支えてきた帝国軍人の血を受けついでいるなと感心もした。

私の明石さんの第一印象は「マイルドな紳士」から「リベラルな硬骨漢」に変わった。テレビ局の帰り、スタッフに「明石さんは、明石元二郎さんの……」と確認すると、「ええ。陛下とは幼稚園からの同級生です」と教えてくれた。

「君は皇室をどうしたいのかね？」

二〇一七年（平成二九）三月になって、明石さんから「君に会いたい」と電話をいただいた。

静岡まで足を運ぶと言う。

明石さんは今上天皇と同年の八三歳であり、六四歳の私が東京に行くべきではあったが、大学の仕事など多忙な時期でもあり、厚意に甘えて、静岡まで来ていただいた。

明石さんが私に会おうとしたのは、私が『昭和天皇実録評解』第二巻（敬文舎、二〇一七年）を刊行し、贈呈したからである。『昭和天皇実録評解』は、宮内庁が編纂した『昭和天皇実録』を抄録し、解説を加えて、三冊本にしようとした企画であり、その第二巻は、昭和天皇が天皇に即位して昭和の戦争の時期を迎え、そして壊滅的敗戦に向かうまでの時期をまとめた。

私はその「おわりに」に、「なにゆえ今上天皇は生前の退位を希望したのだろうか。表面では目立たなかったが、今上天皇と現政権では、理想とする世界観や歩もうとする未来像が違いすぎていた。ひとつには先の戦争への理解と対応である」というようなことを書いた。今上天皇が先の戦争を深く意識し、その繰り返しを避けて、世界の平和に貢献する日本社会の再建を願ってきたという趣旨だった。

おそらく、明石さんは、そうした私の今上天皇論に興味をもってくれたのだろう。あとでうかがえば、明石さんは、今上天皇の退位の問題について、麻生太郎副総理や杉田和博内閣官房副長官にも会いに行ったくらいの人だった。私にまで会いに来るというのは、退位問題にかなり真剣に取り組んでいるのだなと感じた。

はじめ、明石さんに私の今上天皇論が受け入れられ、その賛意をいただけるのではないかと、甘い期待があった。しかし、いろいろ雑談するなかで、明石さんは不意に、「わからない、何を考えているのかわからない」と言った。そして、「とくに六十代の人間は、いまの皇室をどうしようとしているのかわからない」と、私を見た。私が今上天皇に好意的で、その退位についても天皇の意向を尊重する姿勢を示していることはわかるが、そもそも皇室を今後どうしたいのかが見えないと言っているように聞こえた。ちなみに、安倍首相も下村氏も六十代である。

正直、私は動揺した。退位問題について発言はしていたが、その結果、将来の皇室をどうしようとしているのかというビジョンは、たしかにもっていなかった。しかし、明石さんは違った。思えば、明石元二郎の孫として、貴族院議員で男爵の明石元長の長男として育った人である。そして今上天皇の「継宮《つぐのみや》」の「つぐ」から「紹」を名乗ったのである。幼少時から、いわゆる「皇室の藩屏《はんぺい》」としての意識があった。

「皇室の藩屏」とは、かつての華族階級を指し、天皇や皇室を守護するために仕えた人びとである。戦後は華族制度も廃止され、「皇室の藩屏」も死語となったが、明石さんのなかには、戦後の新時代の皇室を守護する「皇室の藩屏」の意識が強くあったのだ。だからこそ、退位を認める法案を制定するだけでは問題は解決しないのだという、さらなる課題に目が向いていた。

私は二〇年以上前に、旧宮家のひとつである梨本宮《なしもとのみや》家の伊都子《いつこ》妃の七七年分の日記の重要記事を刊行した。その後、『華族』『皇族』『天皇と宮家』など、皇室に関する研究書を出してきた。ときどきは、時事問題にも発言した。私は、主権のある一国民として皇室とどうかかわるかを追い求めてきた。それゆえ、天皇に従うかのような「皇室の藩屏」という言葉は好きではなかった。しかし、明石さんの言葉や態度に触れて、戦後の皇室に寄り添う「皇室の藩屏」という存在は、必ずしもネガティブな概念ではないと感じた。

明石さんは、今上天皇の近くにあって、主権のある国民とのつながりを大事にする皇室のありかたを尊重している。他方、私は、主権ある一国民として現在の皇室とのつながりの重要さを力説しようとしている。立ち位置は微妙に違うが、明石さんとの距離を縮めることで、私が皇室をどうしたいと思っているのかの答えのようなものを得られるのではないかと思った。

そして私は明石さんに対談を申し出、それを本にしませんかと提案した。明石さんは快諾してくれ、この本ができた。

対談は二〇一七年五月一五日、神田錦町の学士会館で行われた。敬文舎のスタッフのみならず、趣旨に賛同した共同通信社の関係者も数人参加した。その対談での明石さんの言葉をまとめた本書には、明石さんの未来の皇室への真摯《しんし》な思いが込められ、またその思いを私たちはどう受け止めていくべきかという課題が提起されていると思う。

学習院初等科から高等科までの級友で、今上天皇をもっともよく知るひとり、明石元紹さん。2017 年5月 15 日、東京都千代田区の学士会館にて。

今上天皇と明石さん

今上天皇と明石さんは学習院初等科から高等科まで同級生であり、学習院馬術部でも一緒だった。高校卒業後もおもに馬術をとおしてのお付き合いがあり、二〇一六年八月八日の天皇のビデオメッセージ前後に天皇皇后から直接電話を受けていた。こうしたことなどから、多くのメディアが取材を重ねて、そのつど、明石さんは誠意をもって対応していた。

私はその取材のすべてを聞いたり読んだりしたわけではないが、先のフジテレビでの応答や、その後の一部の新聞記事などで、明石さんの主張のおおよそを知ることができた。しかし、今上天皇の「素顔」と「本音」について、よりくわしく理解したかったたし、また明石さんの今回の退位問題についての意見も正しく把握したかった。

明石さんはすでに『今上天皇　つくらざる尊厳　級友が綴る明仁親王』（講談社、二〇一三年）を上梓《じょうし》しており、明石さんが見た今上天皇の「素顔」のあらましはそこに描かれた。執筆の動機は、二〇一二年二月、七八歳の天皇が東大病院で心臓の冠動脈バイパス手術を受けたことにあったという。古来、天皇の「玉体」にメスを入れることははばかられており、大手術に臨んだ天皇はいなかった。

幸い、手術は成功して、同年五月には、エリザベス女王の即位六〇年記念午餐会出席のためイギリスを訪問したのである。

しかし、この危機のとき、明石さんは天皇の「素顔」を後世に残しておく必要があると考え、明石さんが見た天皇の歩みをまとめたのであった。一読した私は「つくらざる尊厳」は、いかにも今上天皇を端的に表現していていいタイトルだと思った。タイトルどおり、同書には今上天皇がいかにして現在の「つくらざる尊厳」を身につけていったかの歴史がある。

同書は、明石家のルーツにはじまり、今上天皇と歩んだ幼稚園・学習院初等科・中等科・高等科での歩み、そしてそれぞれの大学時代、卒業後の交流、即位後から心臓手術までの流れなどが具体的に紹介されている。

今上天皇が幼少のころは引っ込み思案だったこと、水泳やテニス、乗馬などで自信をつけていったこと、負けず嫌いなこと、信念を曲げないこと、辛抱強いことなど、その人となりがわかる。また、乗馬では障碍飛越などもこなしたが、天皇に即位した後は、生命の責任上、自重したことなど、テニス以外はあまり知られなかった天皇とスポーツとの関係も新鮮な話である。明石さんが、大学卒業後、自動車会社に勤めたことなど意外な一面も知った。

明石さんの、政府や宮内庁・学習院などへの苦言もあり、たとえば、天皇が大学生のときにエリザベス女王の戴冠式でイギリスを訪問した際に、アメリカなども回ったため、出席日数が足りなくなり教授会の決で退学となったが、敗戦後の国家の信望をかけての務めへの理解が足りないと嘆く。また、かつて皇室を支えた小泉信三やヴァイニング夫人のような方がいないことを悲しむ。天皇の皇太子時代から、外国訪問のたびに羽田まで見送りに出ていた明石さんならではの象徴天皇の「皇室の藩屏」としての義憤であろう。

また、ミッチーブームにも批判的だ。すでに身分階層がなくなった時代なのに、まわりが「平民出身」と騒ぐため、旧皇族や旧華族を越えた立派な方でありながら正当に評価されておらず、美智子皇后自身をも遠慮させてしまっているのだという。気づかなかった盲点だ。

これらの内容は本書と重なる部分もあるが、前著は心臓手術のころで筆を置いているので今回の退位問題に関する言及はなく、本書では心臓手術後の今上天皇や明石さんの動向や気持ちを知ることができる。いま、政府が皇室の問題に誠実に対応しないことに立ち向かう明石さんの真摯なまなざしがある。

それは、本書の小見出し、「『お言葉』を受け止めようとしない政府」「『人間でありたい』陛下を理解しない政府」「政府ではなく国民全体の応援が必要」「皇室のかたちをどうしたいのか」などを拾うだけでもわかるであろう。

さらに今後の大きな課題である女性宮家の問題についても、「原則は第一子への継承」「皇族は少ないほうがいい」などの持論を展開する。私は愛子《あいこ》・眞子《まこ》・佳子《かこ》の三内親王と悠仁《ひさひと》親王で四宮家を創設し、その後、悠仁家・眞子家・佳子家・愛子家の順で、男女に限らず、皇位継承順位をつけるのが安定した継承ではないかと考えていた。

しかし眞子内親王のご婚約という事態を受けて、いささか動揺した。じつは、明石さんとの対談の翌日に眞子内親王ご婚約のスクープが流れたのだが、あるいは明石さんはご存知だったのかもしれない。もっとも明石さんは、もともと秋篠宮家は皇位継承など考えていなかったが、強引な男系論の結果、悠仁親王の誕生となり、文仁親王みずからも皇位につかざるをえない状況となった歴史を冷静に見ている。

本来、皇太子徳仁《なるひと》親王が皇位を継ぎ、その第一子がさらに継いでいけば、秋篠宮家の待遇や「皇太弟」の呼称などの問題は起こらずにすんだ。そして眞子内親王のご婚約という朗報が、皇族減少という難問を負うことにもならなかった。今後さらに複雑化するかもしれない皇室制度の仕組みを、よりシンプルな姿に戻すためには、明石さんの「第一子への継承」という提言は重要だろう。

なお、参考までに、「今上天皇の歩み」を資料1、「日本国憲法の天皇関係条文」を資料2、「皇室典範」を資料3として、巻末に付しておく。

天皇の「お言葉」

NHKスクープの背景

天皇退位問題の発生は、明石さんと出会う三か月前の二〇一六年七月一三日にさかのぼる。この日、午後六時五五分過ぎ、NHKは天皇が退位の意向を示しているという速報をスーパーで流し、直後の午後七時のトップニュースとした。私はこのときは大学の講義と会議で疲れ、ニュースも見ずに寝ようとしていた。九時ごろ電話が鳴り、いますぐ東京に来いという。「何があったんですか?」と聞けば、「陛下が退位なさるらしい」と言う。あわてて仕度《したく》して、静岡駅から最終の新幹線で東京に向かった。

翌一四日早朝、TBSの「あさチャン」に呼ばれた。夏目三久さんが司会で「天皇陛下、数年内に『生前退位』のご意向」というニュースを取り上げ、常連のゲストと一緒にこの問題を論じることとなった。私は皇室制度にくわしい解説者として招かれ、「なぜ、いまか」「どのような手続きが必要か」「どのような立場になるのか」「皇太子さまが不在になるのか」「元号はどうなるのか」などについて質問を受け、逐一、答えた。

生放送であるが、前の晩、スタッフと携帯で協議しつづけていた内容なので、とっさの話題ながら、よどみなく話せたと思う。このとき、私は、天皇が摂政《せっしょう》を拒む理由を、かつて昭和天皇の名代として活動してきて、名代は相手側に失礼だと感じつづけていたからだと、力説した。

つづいて、同じＴＢＳの「ビビッド」に招かれた。司会はＴＯＫＩＯの国分太一さんと女優の真矢ミキさん。ほかにゲストがおり、皇室取材経験のあるＴＢＳ報道局次長の本田史弘さんと私が一緒に解説をした。

生前退位の背景に公務の多忙さがあること、高齢であること、退位のためには皇室典範改正が必要なこと、過去の生前退位の例、元号はどうなるのかなどが話題となった。ここでも摂政説がでたり、公務削減説がでたり、議論は多岐にわたった。

結局、法改正をするとなればどのくらいかかるかとの問いに、私は「典範の一部（第四条と第五条）を変えれば、退位は可能になるので、一年もかからない」と強弁した。さらに典範改正が難しければ、「特例法」（当初、特別法、特措法などとしており、厳密には意味が異なるが、最終的に特例法となったので、混乱を避けるため特例法で統一しておく）でも可能だと述べた。

とくに根拠があっての発言ではなかったが、誠意をもって取り組めば、できることだと思った。

しかし、このときは根づよい退位反対論があり、そもそも政府にその気があるのかどうかも疑問だった。

当時、世間では、あのスクープはだれがしたのかが関心を集めた。政府サイドか宮内庁サイドか。NHKだから政府サイドではないか、宮内庁サイドなら天皇の政治的行為にならないか、など憶測が流れた。詳細不明なまま、天皇みずからが「お言葉」を発するとの情報が伝わり、それが八月八日午後となった。

八月八日に向けてのマスコミの動きも活発となり、私は先にご縁のあったTBSに出演した。天皇のビデオメッセージがある午後の特番にはじまり、夜の「ニュース23」まで何回か解説を担当した。合間に新聞取材もあって、さすがに最後はきつかった。

有識者会議の設置

天皇のビデオメッセージの直前の六日と七日、朝日新聞社は電話で全国世論調査を実施し、天皇の「生前退位」に賛成する声が八四パーセントにのぼったと、ビデオメッセージ後に報道した。反対は五パーセントだった。ほかの世論調査でもほぼ同様の傾向がみられ、国民の大多数が「生前退位」に理解を示していることがわかった。

安倍晋三首相も、天皇の直接の「お言葉」と、これに賛意を示す国民の声に押され、退位法案制定に向けて動きだした。同年九月二三日、政府は「天皇の公務負担軽減等に関する有識者会議」を設置し、座長に今井敬経団連名誉会長、座長代理に御厨貴東大名誉教授を据え、ほか数名のメンバーを配置した。

このメンバーには皇室制度の専門家はいなかったが、そのことがむしろ中立的立場で議論を整理するには都合がよかった。もし、退位賛成派と反対派がメンバーに含まれていたなら、議論は水掛け論になり、具体的な結論にたどりつかないまま無駄な時間を費やしただろう。

とはいえ、「公務負担軽減等に関する」というのはいただけなかった。天皇は高齢と公務の多忙を理由にしたが、公務は重要でそれを十全に行うための世代交代を提案したのであって、公務そのものの削減を求めたわけではなかった。天皇と政府（安倍政権）との間には、はじめから意思の疎通が欠けていた。

天皇と安倍政権との意思の疎通の欠如は、すでにＮＨＫの退位スクープの時点からあった。スクープは政府側ではなく、皇室側からのアクションであったことが、しだいに判明していった。そのことをもって、天皇の政治発言とする論者もあるが、冷静に事態を整理すれば、天皇の退位希望はすでに五年以上前から政府に伝えられており、それに対して安倍政権がなんの具体策もとらないでいたことがあったのだ。

すでに高齢となり公務を次代に委ねたいという希望がありつつも、日本国憲法や皇室典範の定めがあって、自由には対応できないため、国民の代表であり、かつ立法の権限がある議会や政府の配慮を求めていたのである。

その兆候は、秋篠宮の天皇定年説などにもみられた。天皇は、最後の譲位をした江戸時代の光格《こうかく》天皇の調査をするように宮内庁に依頼してもいたのだ。長年行っていた全国戦没者追悼式で手順を勘違いしたりするなど、公式行事でのミスもしばしば起こり、天皇自身、「私もミスをするようになった」と述べた。

安倍政権がそうした事態を黙殺していたことが、天皇退位のスクープとなり、天皇のビデオメッセージとなった。護憲派の天皇を、違憲とみなされかねない発言まで追いつめたものは、なんであったのだろうか。事は天皇の発言からはじまったのではない、それ以前から事態は発生していた。ものを言えない天皇や皇室は、ただ待つしかなかった。しかし、いつまでも事態は放置されていた。ここにスクープの本当の理由があった。

天皇と安倍政権との溝は、深く、長い。天皇は戦後の憲法を遵守《じゅんしゅ》し、平和と民主の原則にしたがって、即位前の皇太子時代から活動してきた。対して、安倍政権は、戦後の決算を掲げて、憲法の平和と民主を否定し、戦前の大日本帝国時代の法令やモラルの復帰を求めている。教育勅語や国防軍、あるいは治安維持法的な「共謀罪」制定などにその動きがみえる。

そのため安倍政権としては、現在の天皇家の理念や活動に否定的であり、できうれば戦前型の皇室を再建したいと願っている。安倍政権が執拗《しつよう》に求める旧宮家復帰もそうした動きの一環であり、男系論といえば聞こえはいいが、男系男子の悠仁親王や他の男系保持者たちを軽んじて、旧宮家に拘泥《こうでい》するのは、疑問がある。

法律論でいえば日本国憲法第一四条第二項「華族その他の貴族の制度は、これを認めない」とあり、旧宮家を「皇位継承権を持つ貴族階級」として特別扱いすることは、憲法違反になる。しかも、旧宮家のなかには、現皇室のありかたを快く思わず、戦前型の天皇制復帰を求める人びとがおり、彼らと戦後体制を否定する政治家たちとが連動しているとの説もある。男系を口実に旧宮家復帰とそれによる現在の皇統の断絶で、戦後の象徴天皇が築いたものを壊して、かつての天皇制に戻そうとしているというのだ。

現天皇家の私的生活である家政上の問題、たとえば後継者をどうするか、住まいをどうするか、退位の有無をどうするかは、本来は外部の力によって左右されるものではなく、天皇家自身が決定すべきものだったろう。

しかし残念ながら、日本の歴史では天皇家には私法である家憲が設定されたことはなく、私的問題までつねに公法に縛られていた。古代では継嗣令《けいしりょう》があり、近現代では皇室典範があるが、いずれも私法ではなく、私法の装いをした公法である。そのため、つねに天皇や皇室は、最終的には公権力に従属して、その意思を不本意な形で決定しなければならなかった。女系問題や退位問題は、そのあらわれのひとつで、本来、天皇家の家憲で定められるべきものが、公法で縛られた。ために天皇家の家政上の問題までもが、外部勢力の政治的介入の標的とされてしまったのだ。

トップダウンによる印象操作

じつは、私は当初、有識者のひとりに内定していた。内閣官房から事前連絡があり、二〇一六年一〇月七日午後一二時四五分に、関係官二人が、遠路、私の職場に来校した。会議室で、質問事項に対する私の答えを聞きながら、メモをとっていた。質問事項は、はじめから天皇の公務削減を目的としているので、違和感を覚えたが、私は二人に天皇の公務の重要性をていねいに説明し、かつ特例法もありうることを述べた。

別れ際、一一月七日午後に官邸に来られるかと聞かれたので、国民の義務でもあるので依頼されればうかがうと答えた。そして、この後、テレビや雑誌の取材を受けてもいいが、ヒアリングメンバーであること、ヒアリングで話す内容、会議に参加して聞いた他の人の意見などは漏らさないよう指示された。また、メンバーに内定したことも口外しないように言われた。

そして、ヒアリングは二〇分ほどなので短いから、言いたいことがあれば事前にペーパーにして送るといいと指示された。

私は、一二日にNHKの取材があることを述べたが、とくに問題はないとの返事だった。NHKの記者から、取材の件はオフレコと言われていたが、相手が官邸の人間だから大丈夫と判断して話してしまったが、いま思えば、このときはすでに官邸とNHKとの間に齟齬《そご》があったのだ。

その後、数日して、NHKのだれと会うのかを電話で問われた。名前は言えないと答えた。そのときに、「上から」（だれかはあいまい）、勝手に動くな（人選をするな）と注意されたという旨を伝えられた。私の内定は取り消しになりますか？　と聞いたが、そんなことはないとの答えをもらった。ペーパーはいつまでに送りますかと聞いたら、いまはまだいいので、追って連絡するとの答えだった。その後、まったく連絡がなかった。

一〇月二六日に、茨城県つくば市で講演があり、その帰りの新幹線に電話があった。某新聞社の記者からで、「先生はヒアリングメンバーですか」との問いだったが、答えるわけにはいかないと話した。また、翌二七日に、別の新聞社の記者が大学まで来て、ヒアリングメンバーかどうか聞かれたが、答えられないと答えた。その際に、メンバーの某氏はメンバーであることを公言していると聞かされた。その人にも会って取材したとも聞いた。

この二七日の夜八時に内閣官房から電話があり、内定取消を告げられた。理由を聞くと、「右から左までバランスよく選んだ」と言うので、「私は右か左か？」と聞いたが、返事はなかった。

それで、「この間のことを公表するけれど、いいですね」と質《ただ》した。とくに反論はなかった。その時間はちょうど、ヒアリングメンバーの公表があった時刻であり、その前に七時ごろから私に電話をしていたようであるが、私は仕事中で出られなかった。いずれにせよ、公表直前に電話してきたのは間違いない。非常識なのか、ぎりぎりまでもめたのかは、わからない。

その後、また別の新聞社の記者から、特例法を支持していたのに、落とされたのはどうしてですかと聞かれた。私にもわからないままだが、私が「公的行為」の重要性を力説するから嫌がったのかもしれないと思ったりもした。

野田内閣での女性宮家のときの有識者会議でも、有識者のひとりとして公務の重要性はきちんと述べた。戦後日本の国際的地位向上や、国内の人心安定に、天皇の公的行為は大きな役割を果たしてきたし、この行為自体は明治維新後の近代天皇制国家の伝統でもある。象徴天皇制になって国民との結びつきがさらに強まり、公的行為の重要性はさらに増した。

公的行為が大事であることは、つぎの天皇もこれを継続する必要がある。その意味で、公的行為を誠心誠意行うには、高齢化した天皇では無理があるし、少ない皇族数でも困ると、私はいまも思っている。この論理をきちんと踏まえれば、天皇の「お言葉」の意味も理解できるし、また女性皇族や女性天皇の正当性もみえる。退位の理由もわかってくる。

有識者会議では、この公的行為についてははじめから無視しようとしていた。そのため、私の発言は邪魔だったのだろうと推測している。

なお後日、某雑誌が私の内定取消について、ヒアリングメンバーの人選には「安倍首相枠」があり、退位反対論者の二人を入れるため、賛成論者の私をはずしたと伝えた。その真偽は不明だが、反対論者が右、賛成論者が左という意味であれば、私の内定取消は「右から左までバランスよく選んだ」結果なのだろう。

もっとも、国民世論の多くが退位に賛成なのに、ヒアリングメンバーに反対論者を必要以上に多く入れて、いかにも僅差であるような印象操作をした手法はいただけない。安倍政権は首相のトップダウンが目立ち、さまざまな分野で議会制民主主義のルールを踏みにじっているが、これもそのひとつだった。今後も同じような非民主的手法で、改憲や女性宮家設置など重要課題が強引に決められていくのではないかと懸念している。実際に改憲はその手法で動きはじめた。

天皇退位特例法の制定へ

有識者会議の流れ

二〇一六年八月八日の天皇のビデオメッセージを受けて、政府は九月二三日に今井敬経団連名誉会長を座長とする「天皇の公務の負担軽減等に関する有識者会議」を設置した。一〇月一七日に有識者会議の初会合が開かれ、安倍首相が冒頭の挨拶をした。

一一月七日、有識者会議の第一回専門家ヒアリングが行われ、所功京都産業大学名誉教授ほか安倍枠とされる平川祐弘東大名誉教授らがそれぞれの意見を述べた。一四日に第二回ヒアリングがあり、笠原英彦慶應義塾大学教授ほか、もうひとりの安倍枠である渡部昇一上智大学名誉教授（のち故人）らの意見聴取があった。このとき、当初退位賛成とみられていたジャーナリストの櫻井よしこ氏が反対意見を述べ、退位の賛否のバランスが崩れ、有識者会議の結論が国民世論と大きく隔たる危険が生まれた。

しかし、三〇日の第三回ヒアリングで、僅差で退位賛成に傾いた。マスコミもこのヒアリングの結果があたかも国民世論の代表投票のように報じたが、はたしてそうなのだろうか。

さて、三回にわたるヒアリングが終了して一代限りの退位の方向が定められていったが、二〇一七年一月一六日、衆参両院正副議長が退位に関する法整備のありかたを両院合同で検討することに合意し、一九日に衆参合同の各政党・会派代表者会議の初会合が行われた。政権のトップダウンで進められた特例法がそのまま制定されるようでは、議会のあるべき機能をみずから停止させる行為だと議員たちが奮起したのだろう。

二月二〇日には、衆参正副議長が一〇の政党・会派の代表者から意見を聴取し、議論をとりまとめる方向に動いた。この結果、特例法と皇室典範との法的関係性を明記し、国民が高齢で公務に困難を感じた天皇のお気持ちを理解し共感したことにより退位の道を開くことを明言したのである。

また、退位の特例法は以後の先例となることとし、一代限りの限定を弱めた。こうした動きは、議会がかろうじてその存在意義を示した矜持《きょうじ》となった。当初から衆参両院議員たちが国民の代表としての自覚をもち、政権や所属政党の論理に支配されずに、みずからの良識ある判断でこの問題に対処していれば、おそらくは、その審議のありかたと導きだされた結論に、多くの憲法学者や国民の理解を得られただろう。

しかし、事態は複雑に曲折し、「退位の道を開いたのだからそれでいいだろう」といわんばかりの着地となった。

衆参両院正副議長の取りまとめが整うころ、新たな専門家ヒアリングが開かれ、退位した天皇を上皇、皇后を上皇后、秋篠宮文仁親王を皇嗣殿下と称し、皇嗣となった皇族には皇族費を定額の三倍とすることが拙速に決められた。

その理由はいくつか述べられたが、太上天皇と上皇は同義であるし、上皇后などという用語は歴史上存在したことのない新造語である。皇嗣殿下などという言葉にいたってはたんなる普通名詞の援用でしかない。太上天皇・皇太后・皇太弟という伝統的な呼称があるにもかかわらず、筋のとおらない理屈で政治的に排除したのである。

また、定額三倍という根拠も、皇室経済法第六条の第四項に「摂政たる皇族に対しては、その在任中は、定額の三倍に相当する額の金額」とあるのが理由だが、天皇の代理である摂政と次期の天皇となる皇嗣とでは、その格が違う。こうした決定は、数人のヒアリングメンバーの多数決という形で独善的に導かれたものであり、反対意見を提示する時間も場も設定されなかった。

有識者会議を設定し、ヒアリングメンバーの意見を聞くという民主的形態をとりながらも、結局は政権側が事前に描いたシナリオの実現をめざしただけとなった。

九条改正を急ぐ安倍政権

安倍政権には、皇室典範改正にかかわると多くの時間が費やされ、政権の最終目的である憲法九条改正に着手できないという焦りがあった。そのため、典範改正ではなく特例法の制定で時間短縮をはかった。しかし、典範改正にそんなに時間がかかるのだろうか。

退位の問題を容認する改正であれば、日本国憲法の条文に抵触《ていしょく》する問題は何もないので、典範の第四条の皇位継承について「天皇が崩《ほう》じたときは、皇嗣が、直《ただ》ちに即位する」を「天皇が退位または崩じたときは、皇嗣が、直ちに即位する」とし、また皇族の範囲について第五条「皇后、太皇太后、皇太后、親王〜」とあるのを「皇后、太皇太后、太上天皇、皇太后、親王〜」とすれば、それで解決する（巻末の資料3参照）。

そして、勝手に退位されたり、恣意《しい》的に退位させられたりする危険性を避けたいのであれば、「退位に関する条件」、たとえば「天皇が自ら望み、皇室会議が承認し、国会で可決された場合」などを付せばよい。この改正は今回の特例法よりも簡単で、一年もかからずできただろう。

とはいえ、いちばんの難題は、安倍政権を支える保守勢力の退位反対の意向をどのように抑えるかにあった。そのため典範改正にすぐに取り組めなかった。まずはみずからの勢力内の反対派を説得する必要があった。そのためにも有識者会議のヒアリングメンバーには、反対派を多く入れ、僅差で退位賛成にしむける必要があった。天皇と国民の退位賛成の意向を完全に無視できなかったからである。

さらに典範改正に着手すると、従来棚上げにされてきた問題が浮上する危険があった。とりわけ、典範をいじると、世論が女系容認へ動くことへの政治的懸念があり、男系論者である安倍首相とその支持者たちにとってやっかいな事態となる。ややもすれば、「天皇や皇族の人権の容認」など典範の全般的見直しが求められるかもしれなくなる。そうなれば、憲法九条改正どころではなくなり、安倍政権は典範改正問題に時間を費やすことになる。

こうした政治的判断が、国家の重要課題を置き去りにして、みずからが求める憲法改正のための時間を少しでも取り戻そうという動きとなった。退位の特例法が定まると、安倍首相が自民党の改憲案を急がせたのは、そうした事情のあらわれであった。

改憲問題は早急に進めずとも、従来の解釈改憲で対応していられるが、皇室の将来の皇位継承者減少は、時間とともに現実化していく。国家や社会の重要課題処理の優先順が違っている。本来なら、天皇のビデオメッセージを受けた段階で、退位のみならず、従来から皇室が抱えている重要緊急課題に正面から取り組むべきであったが、改憲への時間切れを恐れて、退位を容認することですべてを終わりにしようとしたのである。こうした付け焼き刃の対応で、退位容認の道はできても、皇室のさらなる大きな課題が取り残される結果となった。

2016年11月、天皇陛下の生前退位をめぐる有識者会議。首相官邸で開かれた。

公的行為の矮小化

天皇と安倍政権との皇室に対する認識の最大の違いは、いわゆる公的行為、とりわけ行幸啓と外国訪問の意義を認めるか、否かにあろう。行幸啓や外国訪問は憲法に規定がないから不要であるし、憲法違反であるという説も一般にはある。しかしこの説は、日本の近現代史のなかで皇室の行幸啓と外国訪問がどのような社会的役割を担ってきたかを充分に理解せず、単に憲法の条文上の解釈だけで下した判断といえる。

現在の天皇皇后の活動をおおまかに整理すると、巻末の資料4になる。憲法に明記された国事行為だけでも相当な負担であるが、ほかにも行幸啓・外国訪問・伝統行事などがあり、多忙である。このうち行幸啓と外国訪問は、憲法の規定がないため「違憲行為」とみなす説と、「公的行為」として容認する説とがある。両説の法的決着はつけられておらず、政府や国民の解釈もさまざまである。

皇室の行幸啓と外国訪問は、日本国憲法の定める国事行為には該当しないが、私的行為ともいえず、公的な意味をもつと国民一般にみなされている活動である。たとえば、国民体育大会などの国民的行事への臨席、外国賓客の接受、園遊会なども「公的行為」として容認されてきた。これらの行為をどう位置づけるかは法律論的にも諸説あり、ある意味でファジーな状態のまま既成事実として積み重ねられている。

法律解釈論ではなく、歴史の文脈から位置づけると、行幸啓と外国訪問は、長い皇室の歴史のなかでも近代以降の活動であり、その歴史は短い。明治以前の天皇は、畿内圏から出ることは稀《まれ》で、その容姿を人びとに見せることはなかった。当然、外国に出向くこともなかった。関東に足を運んだのは明治天皇がはじめてであり、それまで自分の目で太平洋や富士山を見た天皇はいなかった。

徳川時代から明治時代になって、天皇や多くの皇族は京都から東京に居を移し、以後、東京を起点に全国行幸啓を重ねた。かつての支配者である徳川家に代わって、新時代の統率者であることを顕示し、かつ従来結びつきが弱かった国民との絆を深めるためであった。皇室と国民との間には、将軍と藩主、藩主と藩士・領民という強い結びつきで代々続いた主従関係がなかったのだ。

開国によって外国からの賓客も増えて、皇室を中心とした新政府がその接受にあたった。その答礼として皇族が外国訪問をするようにもなった。天皇が日本を離れるわけにはいかなかったため、皇族が名代として諸外国に派遣された。

皇室の行幸啓と外国訪問は、一九四五年（昭和二〇）八月の敗戦後も継承され、むしろ強化された。敗戦で打ちひしがれた国民を励ますため、天皇は積極的に全国を回った。天皇は労をいとわず国民の暮らしをたずね歩き、国民の信頼を得ていった。外国訪問はすぐには再開されなかったが、一九五三年に当時皇太子であった今上天皇が、イギリスのエリザベス女王戴冠式に天皇名代として臨席した。戦争責任問題がくすぶる時期でもあったが、イギリスのチャーチル首相らの信頼も得て、日本の国際社会への復帰にはずみをつけた。国家の主権は国民に移ったが、象徴天皇としての行幸啓や外国訪問は、多くの国民の支持を受けてきた。

戦後七〇年に対する認識の違い

こうした行幸啓や外国訪問をふくめた公務が膨大になり、高齢となった天皇が全身全霊をもって行うには無理が生じはじめたので退位したいというのが、天皇のビデオメッセージの意味であった。しかし、安倍首相は、公務が多いのなら減らせばいいという論理で対応した。安倍枠とされる二人のヒアリングメンバーが、天皇は「ただ祈っていればいい」「退位はわがままである」と述べたのも、公務への無理解からくるものであった。

「祈り」について付言すれば、天皇が被災地や戦跡などを慰問するのも「祈り」であって、宮中三殿で鈴を鳴らすのだけが「祈り」ではない。今上天皇は、古来の伝統を継承しつつも現代に適応した新たな「祈り」や公務を築いてきたといえる。

つきつめれば、安倍政権は天皇の公務の価値を認めず、象徴天皇として果たした今上天皇の功績を黙殺しようとした。天皇は国事行為以外はせず、内閣が必要なときに国民を動かすための権威となっていればいいという考えなのだろう。かつてのような絶対権限のある元首や大元帥に戻り、政府が必要なときにその権威を国民に示せばいいという天皇像なのである。

象徴天皇の道を歩み、かつこれからもその道を継続させようとする天皇とは「水と油」の関係にある。しかし、天皇はそうした政権批判をすることも、本音を語ることもできない。それゆえ、天皇の気持ちに近い明石さんの言葉は重要なのだ。

天皇は、先の大戦での大きな反省から戦後を歩みだし、国内の安定と発展、世界の協調と平和を求めて、行幸啓と外国訪問を重ねてきた。戦後七〇年を経てもその思いは変わらず、むしろ今後もその継承を望んだ。いっぽう、安倍政権は戦後七〇年を契機に、その行きづまりを強調して戦後の歩みを否定し、戦前への回帰を求めた。そこに大きな亀裂がある。

たしかに戦後の行きづまりを実感する国民は多い。しかし、その解決が戦前回帰にあるかどうかは、むしろ否である。

日本のみならず世界を焦土にしたような戦前の日本の歩みを繰り返すのは、過去への健忘症だろう。現在の行きづまりは、戦前回帰では乗り越えられない。むしろ戦後の原点に戻ることに、その打開策があるともいえる。少なくとも、民主と平和を遵奉《じゅんぽう》して行幸啓と外国訪問を重ねてきた象徴天皇への安易な否定は、近視眼的な発想だろう。

新たな未来像構築は困難な道程であろうが、その困難さから逃れるために戦前回帰への道を安直に選ぶのは避けたほうがいい。教育勅語しかり、天皇元首化しかり。明石さんも指摘しているように、短期的な一政権の仕事ではなく、もっと長いスパンを意識して腰をすえた広い視野からの解決策を探すべきなのだ。

退位後に残される問題点

二〇一七年（平成二九）六月九日に「天皇の退位等に関する皇室典範特例法」が成立し、同月一六日に公布された（巻末の資料5参照）。その結果、天皇の生前の退位が認められた。しかし、いくつかの問題も残した。先にも記したように、上皇、上皇后、皇嗣殿下の呼称は安易だ。

また、元号、住居、天皇誕生日の扱いなど、いくつか課題があるが、気がかりなのは、将来における雅子妃と愛子内親王の処遇がまったく見えないことである。皇太子が天皇となれば、雅子妃は皇后、愛子内親王は天皇の長女となるが、将来、天皇が先に亡くなった場合、二人はどのように扱われるのだろうか。秋篠宮が皇位を継承した場合、皇太后でもない雅子妃と、姪《めい》である愛子内親王を法的に保護する規定はどこにもない。また、そのときになってから場当たり的に対応するつもりなのだろう。

ほかにも課題はある、男系継承を続けるのなら、悠仁親王の妃をいつどのように決定するのか、その妃に男子が生まれるのかどうか、など気にかかる。生み分けは可能というが、そうした生み分けられた天皇を未来の人びとはどう思うのだろうか、また天皇自身はどう感じるのだろうか。旧宮家など外部から養子をもらうという説もある。その困難性は先にも述べたが、万が一養子になれたとしても、その後に男子が生まれるのだろうか。将来にわたり永続的に男子が続かなければ、なんのための養子かわからない。代々、男子を続けるのは、側室制度がなくなった現代社会では難度が高い。側室制度があった時代の伝統継承に拘泥《こうでい》しすぎてはいないか。

喫緊《きっきん》の課題は、公的行為を行える皇族の減少による国際的国内的影響の低減であろう。眞子内親王の婚約で、またひとり皇族が減る。将来の若い皇族は、皇太子家の愛子内親王、秋篠宮家の佳子内親王・悠仁親王、三笠宮家の彬子《あきこ》女王・瑶子《ようこ》女王、高円宮《たかまどのみや》家の承子《つぐこ》女王・絢子《あやこ》女王の七名である。男子は悠仁親王のみで、女子が以後も婚姻などで皇籍を離脱すれば、漸次、公的行為を担う力は弱くなる。

もっとも、皇族数が少ないほうがいいという指摘もある。皇族数が多いと皇位継承などで混乱するからだ。明石さんも、この説だ。それも長子相続がいいと述べている。皇太子家の長子が代々継承することが、世襲制の安定につながるというのだ。

他方、旧宮家の男子を内親王と女王の結婚相手として男系を継承させようとする努力が水面下でなされているとも聞く。真相は不明だが、それを逃れるため眞子内親王は早期の婚約に踏み切ったとも伝えられる。たしかに、ご本人同士が納得して結ばれ、その結果、女性皇族の相手が男系の男子であったのなら、いまある男系問題は一件落着となろう。しかし、そこまでして男系を保持しようとする策謀は、国民の象徴としての皇室の姿を汚す行為にならないだろうか。

国民はそのような皇室に敬意をもつのだろうか。そして、そのつぎの代も男系は続くのだろうか。皇室の長い伝統を継承するという信念も大切だが、将来の皇室がどのようになるのかという配慮も必要だろう。そのことは未来社会に対するわれわれの責任でもある。

第二部——天皇陛下と同じ時代に生きて

明石元紹

天皇のお言葉に対する思い

「お言葉」の背景

昨年、平成二八年の八月、陛下ご自身がビデオメッセージをつうじて、退位についてのお考えを述べられました。

それまでは少なくても私の知る範囲では、退位を考えているなどとは、一切おっしゃっておりませんでした。昨年七月のＮＨＫの報道のときに私が感じたのは、「どうしたのだろう。また急にお身体の具合が悪くなって、お辞《や》めにならざるを得なくなったのか」と心配したのですが、よく聞いてみると、前からそう思っていらしたようなので安心しました。

今回のご退位について、皇后陛下がどのように感じられているのか、くわしくはわかりません。ただ、今年の四月ごろでしたか、皇后陛下からお電話をいただきました。打毬《だきゅう》（ポロに似た馬上ゲーム）のお手伝いのお話でしたが、美智子様から直接お電話をいただくのははじめてでしたので、単に打毬やリタイア後の生活に対して少し何か手伝うというお話だけでは済まされないような気がし、学習院時代の旧友に相談しました。

「そんなことだけで、あなたに急に電話をなさることはないだろう。もっとほかに目的があったんじゃないか」と言う人がたくさんいたこともあり、迂闊《うかつ》でしたが、「皇后様からお電話をいただき、ご退位に関する意向があった」と書いたりしゃべったりしたものですから、美智子様はそれをご覧になって、たいへんびっくりなさり、私はそんなことは言っていませんとおっしゃってました。

陛下は、昔からある古式の打毬など、日本独特のスポーツにたいへん関心をもっていらして、正しく伝承されないとまずいというお気持ちがあって、皇后様がお電話をされたんだと思います。みなさんが期待なさっているような内容ではなかったにもかかわらず、周囲の意見もあってメディアに発言しました。私と同じように考える仲間がたくさんいたものですから、ご退位の問題への思いもあったのではないかと勝手に発言し、たいへんご迷惑をかけてしまいました。

陛下は公的なことを真剣になさいますから、私がマスコミの取材に応じたりするのは嬉《うれ》しくないと思います。だから、本当はあまり発言しないほうがいいと思っているんです。

昨年七月一三日のＮＨＫのスクープのあとも困りながらも対応していたのですが、誘導尋問に引っかかったような感じで、「皇后様のお身体を心配して、ご決断をなさったのではないか」と話したところ、七月二一日に陛下から電話があり、そういうことを言うと、既成事実として皇后は身体が悪いことになってしまう、とご心配をされていました。

また、私が取材の対応に困っていると思われたのか、譲位について本当は自分はこう思っているというお話をなさいました。ひとつは「摂政《せっしょう》」の問題で、もうひとつが「恒久の制度」が望ましいといったことでした。父である昭和天皇が大正天皇の摂政になられたとき、大正天皇をお守りしたい人と摂政の昭和天皇をもり立てようとする二派ができ、意見の対立があったと昭和天皇から聞いていたようで、これが摂政を望まない大きな理由だと思います。

長年拝見していて、天皇皇后両陛下が何をご努力なさったかというと、平和を守り、かつての戦争をどうしたら避けられるかを、一生懸命、毎日お考えになって実行されてきたわけです。しかも、中学時代にヴァイニング夫人から学んだ「言ったり思ったりしているだけではダメですよ。実際にご自分で行動して、それを発信しないと、世界は認めませんよ」と、そうした教えをいまでも真面目に実行なさっているのだと、私は思います。

「お言葉」を受け止めようとしない政府

昨平成二八年七月、天皇がご退位の意向を示されていると報道されていたころ、麻生太郎副総理が、摂政を置かざるを得ないだろうと言っていました。陛下ご自身が摂政を否定されていらっしゃいましたので、陛下との電話はあくまでも二人の間の話として承ったので、黙っていようと考えたのですが、せめて官邸には伝えておいたほうがよいと考え、麻生さんに連絡したところ、原爆記念日を控えてお忙しいごようすで、「杉田官房副長官に任せてあるから、彼と会ってください」と紹介してくださいました。

陛下のビデオメッセージが流れる四～五日前に、杉田和博官房副長官にお会いしました。お目にかかって、なぜこの方が皇室問題という日本でいちばん大事な問題を任されているのだろうかと、正直びっくりいたしました。任された方の能力はわかりませんが、政権がもう少し慎重かつ賢明であれば、ひそかに陛下からお考えを直接うかがうのではないかと思いました。

オープンにすると、憲法上の問題もあって難しいかもしれないですが、会議などは開かずにひそかに検討をして、陛下のお気持ちにこたえるのが時の総理の役目ではないかと思います。政府が会議で方向づけをするようなことをすると、皇室の存在そのものが政府の傘下《さんか》に置かれているような印象を日本人みんながもつでしょうから、これはいちばん下手なやりかただと思います。

杉田さんは二時間ちかく時間を割《さ》いてくれて、最後には「たいへんありがとうございます。これは非常に重要だから、今後も来てください」とおっしゃいましたが、警察畑出身の高齢の方にすべてを任せるのはどういうことかと思って、二度と行くまいと決めました。

その後、八月八日に、陛下のビデオメッセージが発表されました。どういう理由で退位を考えるようになったのかをていねいに説明され、国民に相談するかたちで理解と協力を求めています。退位のご意向についてはは電話でおうかがいはしていましたが、陛下ご自身は公にはせずになりゆきにまかせると思っておりましたので、ご意向を明言されたことに驚きました。

それに対して政府はなんの反応も示さず、有識者会議をつくって方向性の異なる対応をはじめました。憲法に抵触しないかたちで、このとても重要な問題を処理しようと考えたようです。あまりにもひどい対応ですが、メディアの報道も政府の意向に追随していました。

政府は、天皇のメッセージを正面から受け止めず、陛下が国民に向けておっしゃった譲位へのご意向はなにも反映されていません。退位をめぐる政府の対応が陛下のお考えとあまりにもかけ離れていたので、新聞各社もこの問題の大きさに気づきはじめました。

あのような有識者会議をつくって、陛下の思いとはかけ離れた次元で譲位問題を議論するのは、陛下のお気持ちとも、なんのために譲位したいと思っているかの解釈とも違うと思います。

そこで、官邸の進めかたに対して発言する決意をし、共同通信社からの取材に応じ、一二月一日に新聞各紙に配信されたのです。

ビデオメッセージ後の政府の対応についても、陛下のお言葉に即して問題を解決していこうというよりも、お言葉を都合よく利用した上で、もうすでに何か決まっているような印象を受けました。憲法がありますから、議会制民主主義のなかではこういう対応をせざるをえなかったとも思いますが、もっと長い目で、今後どういうかたちで皇室に接していくのがいいのかを考えないとならないはずです。

陛下は前からいろいろと話をされていたのに、政府に動きがないから、あの段階のビデオメッセージになったんだと思います。安倍首相も、事前にビデオメッセージの内容は知っていたようです。

両陛下のお立場になると、現実になかなか言いたくても言えないものでしょうが、心の中には考えをもっていらっしゃると思うんです。人間である以上、ある程度の年齢になれば老いを感じ、自分たちでつぎの世代に繋《つな》ぎたいとおっしゃるのは当然です。それをどういうふうに国として取り上げていくかが大事であって、ひとつの政府や短期間しか担当しない政権が、ほかの政治課題と同じように考えて処理することに問題があると思うんです。

安倍首相は一強時代が長く続きましたが、皇室の問題はもっと長いスパンで考えないといけません。私の勝手な考えかもしれませんが、それを短期間で処理しようと思ったことが、いまの政権の思慮のなさだと思います。

このところの政府の対応は、人間である陛下がどういう感情で生きているかをあまり理解していないところからきています。両陛下にしてみれば、これはやはりショックだと思います。

いまの皇后陛下、正田美智子さんという方はテニスをつうじて陛下と知り合い、皇室にお入りになりました。ご家庭をおつくりになってずいぶん経ちますが、その間身体がおかしくなられるほど、陛下のために何をしたらいいかを考え、頑張ってこられたと思います。

だから、それがこのご退位の方法ではあまりにもお気の毒で、身を砕いてまでなさってきた皇后としてのお務めの結果がこれでいいのかと、そのことを考えながら私は朝まで泣いてました。

日本の国のかたちを考えない安倍政権

テレビや新聞では、連日、安倍政権がらみの問題が報道されています。どうしてこうなっているのか、私にはよくわかりません。日本にはもっと大事な問題があるのに、いったい、何がもとでこうした混乱が生じているのでしょうか。

安倍政権の周辺で起こるさまざまな問題は、今回の天皇退位の問題と無縁ではないと思います。私が心配するのは、いまの日本に大事なのは、皇室の問題に限らず、日本という国がどういうかたちの国であれば発展性があり、なおかつ国民が幸せであるかであって、疑惑に向き合わない安倍政権の姿勢は本当にわかりません。

安倍政権を大事だと思い、応援している有力者がかなりいます。日本会議をはじめ、やはりマスコミをリードしている人たち、読売新聞の渡邉恒雄、フジサンケイグループの日枝久など、経済中心かもしれませんが、日本の実力のある人たちがなぜか安倍さんを応援しています。たしかにこれまでの政権よりはいいかもしれませんが、一強体制に乗じて、首相がなんでもできると考えていること自体が問題なのではないでしょうか。

安倍政権のいちばんの問題は人事権を握ったことで、周囲が強く言えない仕組みになっています。短期的な話ならいいかもしれませんが、長期的な話まで力をもって、なんでも決めていくようになったら、それこそ怖い。民主主義とは別の話になってしまい、トランプのような大統領と結びついたら、何をするかわかりません。

日本の未来、すべてにかかわってくる問題ですが、そういうことを心配する、長い目で日本を見守ってくれる人がいなくなっているのが不安です。

これからの日本がどうなってしまうのか、本当に心配です。今回の退位の問題でも、どうでもいいことはいろいろわかっていますが、大事なことがわかりません。昨年八月のビデオメッセージの一か月前、NHKのスクープから発したわけです。いったいあれはなんだったのか、いまもわかりません。だれがからんで、どういう意図で持ちだしたのか。あの時点で意向を明らかにしなければ陛下が死ぬまでやらされると皇室のだれかが思って協力したのか、そのあたりもわからないわけです。

秋篠宮《あきしののみや》様が協力したという人もいますが、陛下と合意ができたうえで行ったのか、単に陛下のお気持ちを察して何か手を打たないといけないと心配して動いたのかは不明です。いまも安倍政権は、二度と天皇には勝手な発言はさせないと言っています。それも問題です。

昨年八月のビデオメッセージについても、陛下自身がどういう意味を考えたうえでなさったのかわかりません。

昭和天皇時代の天皇と、いまのような比較的国民に近いかたちでの天皇とは違います。私は、天皇と国民はそんなに近くなる必要はないと思います。極端に言えば、いまの象徴天皇制は戦前までの天皇制とはまったくちがうものになりました。昭和天皇は、いまの両陛下のように本当の意味で国民に近い立場で象徴天皇を意識されてはいなかったと思います。なんとか戦争から日本人を守ろうとはなさったけれど、実際にはできませんでしたし、うまく進められなかったのは、逆説的ですが、立憲君主制による制約があったからかもしれません。

昭和天皇は、天皇を崇める日本人のものの見方や、天皇制の強さを感じていたでしょうから、そのなかでできる限りのことをなさったと思います。それがなくなったいまの日本、天皇に対する価値観が変わってしまったなかでのご退位の問題は、両陛下が考えているほど簡単ではないでしょう。やはり両陛下は人間的な面が強いと思います。

安倍政権が有識者会議という名を借りて、安倍首相の個人的な諮問《しもん》機関をつくること自体が天皇を軽視しています。国民に対してどういう印象を与えるかもわかっていないないですし、まったくけしからん話で、総理大臣の越権行為だと思います。皇室がどういうかたちで存在することが、日本にとっていかに大事かを考えないで、なんとか時間的に間に合うように退位までやってしまおうと考えること自体が越権行為です。

これからの皇室をどうするのがいいのか、いま、いちばん意見を聞いてみたいのは、小泉信三《こいずみしんぞう》と吉田茂《よしだしげる》です。おそらく吉田さんは、民主主義と天皇制は相容《い》れないものだと感じていたと思います。だけど、議会制民主主義のなかで日本が皇室をもつ意味をわかってくれていました。

もうひとり付け加えるとすれば、後藤田正晴《ごとうだまさはる》さんです。後藤田さんは、短期的な判断にはしりがちな時の政権を長期的な視点で支える役割を果たしました。

「人間でありたい」陛下を理解しない政府

陛下にとって、自分たちが日本の国民や世界の平和に対して、本当に心を配って努力をしてきたことが理解されていないのが、いちばんの心残りだと思います。天皇が退位されて五十歳代の皇太子が新しい天皇になったとしても、それを応援する国民の気持ちは平和への努力にあるはずだというのが、陛下がおっしゃりたいことではないでしょうか。

やはりひとりの人間が、日本という国家、あるいは世界の緊迫した事態のなかで役に立って、日本のために動けるかどうかは、父親やおじいさんが偉い政治家だった人たちにはわからないのではないかと私は思うんです。むしろ苦労していまの立場を築かれた方々のほうが、人間の努力というものが本当はなんなのか、身をもって知ってらっしゃるのではないでしょうか。

勝手なことを言えば、今回の件も、陛下の人間としてのありかたの問題だと思うんです。そうだとすれば、もともと世襲的に政治家であって、そのなかで育てられた人よりも、菅義偉《すがよしひで》官房長官のようにご自分の努力と見識でもって這い上がってきたような方のほうが、人間的にわかっていただけるかと思いました。

民主主義とはいっても、世襲制度のようなものが残っていて、自動的に票が集まる方たちは苦労が足りません。だからその人たちは、陛下が人間としてどういうふうに活動なさってきたかをわかっているようでわかっていない。そこが皇室問題の難しさであり、天皇や皇室の本来の姿はどうあるべきかと結びつくと思います。

どこの国でもそうですが、やはり世襲であれば、票の集まりかた、資金の集まりかたも有利になり、政治は左右されるでしょう。トランプ大統領のように、たいへん経済力があるとか、経済的に成り上がったとか、そういう方が国民末端までの声を反映できるかどうか、私は疑問を感じ、うかつに引っかかるとたいへんだと思っています。

それは、力はあるかもしれないけれども、もっと真剣に考えれば本当の民主主義ではないはずです。本当の民主主義というか、末端の国民が求めているものはそうではなく、もっと純粋な心意気のようなものを汲《く》んでくださるのが、トップとしてのありかただと思います。

お二人で新しい皇室をつくりあげた約束の場所

有識者会議の識者は何を考えているのでしょうか。呼びかたをどうするとか、どこに住むとか、順番をどうするとか、そういったことは周囲が決めてはいけない、皇室にお任せするしかないわけです。

両陛下が退位後、新天皇の側《そば》に住まなければならないということはありません。いまの天皇皇后両陛下には退位をされたあと、新天皇の相談を受けるお考えはありません。京都に行く話もないでしょう。退位されたあとに相談を受けると、一部で心配されているように、天皇が二人いるような錯覚を起こす可能性がありますが、陛下はそういったお気持ちがない方です。

新しい天皇と頻繁に会って食事をするような関係であれば、京都にいらしたほうが安全かもしれませんが、東京で近くにいらしてもいいと思います。

天皇皇后が退位後にお住まいになる東宮御所《とうぐうごしょ》は、両陛下が信念とされた、家庭をもつことを実

1972 年 11 月、埴輪の絵本をご覧になる紀宮様を囲む皇太子ご一家。

現された場所です。皇太子だった時代を含めて、お二人がいちばん長い時間を過ごされ、いろいろな抵抗を排除して、お二人の理想にちかい生活を成し得た場所で、たいへん思い出深い憧れの地なんです。家庭に対する考えかたは時間とともに変わってきましたが、旧来の抵抗があるなかで新しい家庭を築き上げてきたお二人の気持ちをみなさんにわかって欲しいと思います。このことをわかっていたのは小泉信三さんだけです。

残りの人生は、自分たちが気持ちよく過ごしたところにもう一回いらっしゃるのが、いちばんよろしいのではないでしょうか。

必要とされる歴史研究の冷静な視点

歴史の専門家が研究されているように、毎日毎日、天皇は何をした、政権とどう結びついた、あるいは国の状況、戦争に対する天皇の本当の姿勢などを明らかにしていくのが、たいへん大事なことだと思います。そういった、天皇制、天皇の歩んでこられた過去をはっきりさせれば、どれくらい日本の国の発展のために努力なさったかが、国民にわかると思います。

実際に、今回の政府のやりかたはちょっと考えものだと思っている人はたくさんいます。今後はもう少し冷静に、社会全体の価値のなかで、天皇や皇室の意味や役割を考える必要があるのではないでしょうか。

陛下に頻繁にお目にかかっていると、いくら天皇であろうが皇太子であろうが、まったくの人間が演じていらっしゃることがわかります。ひとりの人間がいかに苦労して、いかに頭を使ってどうしたら役に立つか努力なさっているわけです。そのあたりへの配慮がどこかへ消えてしまってはまずいと思います。

僕らが拝見していますと、皆さんが考えている以上に、天皇皇后両陛下の日常は人間的です。ご家庭をもつことを理想とし、結婚して築かれましたが、それは考え抜かれたうえであえて伝統を超えられたわけです。そう考えていくと、人間が天皇として、皇室を守る、水面下でのご苦労をわかってあげないといけないと思います。

メディアが流す情報は、当然ながら公式なものばかりが多いわけです。たとえばお子さんの教育や結婚の問題は、プライベートな側面も強く、そこに余分なご苦労をかけるのは感心しません。天皇の望まれる退位のかたちについては、友人たちとも議論をしていますが、高齢ですから早くつぎに移す方法は必要だと思い、杉田官房副長官にもそう伝えました。だけど片方で、日本が守ってきた皇室の気高さというか、ふつうの人間とはちょっと違うところを歩んでいらした歴史を無視しては、日本として得にならないと思います。

周囲を見渡すと、各国に過激な指導者があらわれ、空気が非常に殺伐《さつばつ》となってきましたが、それと相反するかたちで、私たちは皇室をもって平和主義のもとで落ち着いた日本を継続してきたのではないでしょうか。それによって、時の政府は非常に恩恵を受けてきたと思います。やはり日本の将来を考えると、そういう皇室を存続することが必要でしょう。ほかの国をみても、そういうものをもたないから裸で喧嘩をする、その結果がどうも過激な統治に結びついてくると思うんです。

それを避けるためにも、日本だけは、あまり威張らない、権力をもたない皇室が存在するのはとても幸せなことではないかと私は思っています。それなのに、なぜ捨てようとするのでしょうか。

つぎに、私が天皇とどういう関係にあったのかを、少しお話ししておきましょう。

天皇と私の少年時代

幼稚園時代から陛下のおそばに

私は、今上天皇がお生まれになった二〇日後、昭和九年（一九三四）の一月一二日に生まれました。生まれた年は違いますが、陛下と同じ学年になります。

陛下は、昭和天皇の待望の男子としてお生まれになり、継宮明仁《つぐのみやあきひと》親王と名付けられました。二〇日後に生まれた私は「継宮」のツグにあやかり、「継」では畏れ多いので「紹」とされ、元紹《もとつぐ》と命名されました。そうした経緯もあり、なんとなく陛下のおそばでお務めしなければいけないと感じておりましたが、それは陛下にとって迷惑な話だったかもしれません。

幼稚園は、女子学習院幼稚園に二年間通いました。当時はいまと違って、学習院の幼稚園は女子学習院にしかありませんでした。学習院の幼稚園は原則的には華族の子弟ばかりで、同学年には伏見宮章子《ふしみのみやあやこ》様と久邇宮通子《くにのみやみちこ》様の女子お二人もいらっしゃいました。

いまの陛下は幼稚園には通っていませんでした。同学年になる学習院の男子が週に二度ほど当時の御所にうかがって、陛下と子ども同士のお付き合いがはじまりました。

昭和一五年四月、幼稚園のほとんどの男子はそのまま四谷の学習院初等科に、女子は青山の女子学習院初等科に入学しました。小学校からは陛下も学習院に入られました。

小学校二年の冬、昭和一六年一二月八日に戦争がはじまりました。戦局が悪化し、日本が空襲の危機にさらされるなか、五年生の秋には日光に集団疎開し、六年生の夏に終戦を迎えました。

戦前の日本における皇太子殿下は、大元帥になることを目標に教えられ、しつけられていましたから、いまの陛下とはだいぶ印象が違いました。現在のような人間尊重の平和主義の優しい皇太子でなかったことは事実です。

陛下とは、小学校六年間、中学校三年間、それに高等学校三年間、ずっとご一緒し、先生もほとんど同じでした。学習院高等科時代は馬術部でも陛下とご一緒し、私たちも宮内庁の当時としては比較的いい馬で練習していましたから、技術的には高校生としてトップクラスでした。

私は馬にばかり取り組んでいたものですから、大学は、馬術の盛んだった慶應義塾大学に進みました。慶應義塾では体育会の馬術部に入り、勉強よりも馬ばかりの毎日で、四年間ほとんど部活動しかしておりません。

昭和三一年春、就職難の時代に卒業を迎え、まったくの偶然ですが、当時皇太子殿下がお乗りになっていたプリンスという車の会社に入りました。プリンス自動車工業はしばらくして日産自動車と合併し、日産で働くことになりました。

日産自動車にいたころですが、昭和天皇のご病気がひどくなってきて心配していた時期に、墓所まで行く葬儀用の車を用意しておく必要があったのですが、宮内庁には動くかどうかわからない外車しかなく、重い柩《ひつぎ》などを乗せて八王子や多摩の御陵まで運ぶのが難しいと、対応策を迫られました。そこで、宮内庁から私たちにご用命をいただき、日産のロイヤルという御料車を改造して、バン形式にすることになりました。

そのときは警察庁出身の富田《とみた》朝彦《ともひこ》さんが宮内庁長官でしたが、もし世間に知れたら陛下はもうじきダメだと国民にわかってしまう、そうなるとても困るから秘密で進めてくださいというご用命がありました。

私は担当の役員と一緒にうかがって、「やりましょう」とお引き受けしました。改造は日産の大きな工場ではできませんから、下請けの架装メーカーの試作工場の一部を仕切って、外からはわからないように遮断して改造したんです。

何か月かかかって納めるわけですけれど、宮内庁がいちばん心配したのは漏洩《ろうえい》です。せっかくつくっても、こんなものをつくっていることが世の中に知れてしまったら、陛下のご病気は重いのではないかということになり、万一、陛下自身の耳に入ったらたいへんお気の毒ですから、どうやってわからないように運び込むか、頭を悩ませました。

真っ暗な夜、わからないようにシートをかぶせて、二重橋の正門の外まで運んだんです。宮内庁の車馬課がいちばん心配したのは皇宮警察から漏れることで、「夜中でも正式に運び込むわけにはいかないから外で待っていてください、私どもが直接行きます」と言われました。車馬課の人たちが何人かやってきて、隠したまま、皇宮警察にわからないように運び込んでなんとか納まりました。

陛下は、皇太子時代から、昭和天皇の名代として外国訪問にいらっしゃることがありました。客観的にみて日本にとっていちばん重要な役割を果たされていると思い、同級生で野球部のエースとして活躍し、のちには監督を務めた草刈廣君と一緒にお見送りやお出迎えにまいりました。

最初は羽田まで行っていました。偉い方たちの間でどういう立場でどうしていいのかよくわからなかったのですが、高松宮宣仁《のぶひと》様はときどき気がつかれて、「ここまで来てくれるのか。君たちは感心だな」と言ってくださいました。

そのうち当時の侍従次長の手塚英臣さんから、「羽田まではたいへんでしょうから、ご出発のときに皇居にお顔をお出しになればよろしいのではないですか」と言っていただき、皇居にお見送りにいくようになりました。

平成一九年（二〇〇七）、バルト三国にいらしたときだったと思いますが、陛下は「これは従来の公式訪問とは少しちがうから、もう来ないでいいよ」とはっきりおっしゃられました。それでお見送りはやめました。

最近では、平成二四年（二〇一二）五月、エリザベス女王の即位六〇周年のお祝いに英国訪問される際、心臓の手術からわずか三か月後だった陛下の肉体的疲労を心配し、皇居へお見送りとお出迎えにまいりました。

戦争末期、日光での疎開経験

陛下も、同級生と一緒に歳を取り、実務的な努力に衰えを感じられておられるようですが、いちばん日本がピンチになって国がなくなる寸前までいった戦争のなかを、子どもながらに生きてきたわけです。日光という観光地はいろいろなものが変わりましたが、そうした日々を過ごした日光の美しさ、自然の素晴らしさは残っています。

だから、戦争の時代を振り返って現地においでになると、変わらないのは日光の自然なんです。奥日光も戦場ケ原《せんじょうがはら》も、中禅寺湖《ちゅうぜんじこ》も、そういう昔と変わらない風景をもう一回味わえるということです。いま、日光を訪れるのはどういうことかと考えると、自分たちが過ごしたきびしい戦争末期の子どもの生活とはなんだったのだろうかともう一回心に留めたり、皇后様に説明なさりたい

1945 年秋、疎開先の奥日光で。敗戦後もしばらくは東京に戻らず、日光にとどまった。

のではないかと、私は勝手に思っています。

疎開をしていたころ、やはり親が東京で生活していましたから、戦況の悪化はなんとなくみんな知っていたと思います。

一学年二組でしたが、担任の先生は対照的でした。皇太子殿下のいる東組は、秋山幹さんという茨城県水戸市出身の理数の先生が六年間受け持ちでした。いっぽう西組担任の鈴木弘一さんは兵庫県丹波篠山の生まれで、おもに歴史・国語の先生でした。

秋山先生は理数系ですから、非常に科学的で冷静で、軍国主義に疑問をもっていたのかどうかはわかりませんが、そういった教育をなるべく避けてくれました。対照的に、鈴木先生はやはり歴史学者だけに、私たちに教えたのは、南北朝時代の武将で天皇を助けた楠木正成《くすのきまさしげ》であり、軍国主義にもずいぶん影響されていました。大人になってから、陛下に聞いてみても、秋山先生のことは褒《ほ》めるけれども、鈴木先生にたいしては、戦時教育を受けた感じがぬぐえず、あまり良く思ってはいなかったようです。

私たちがやはり当時の学習院初等科に感謝しなければいけないのは、山梨勝之進《やまなしかつのしん》さんが学習院の院長をされていたことです。山梨さんは海軍大将でしたが、軍国主義の日本にあまり引きずられず、おかげで冷静な小学校生活を卒業まで続けられました。

秋山・鈴木両先生はペアで、六年ごとに繰り返し初等科の子どもたちを担任されていました。

私たちがはじめてではなく、その秋山・鈴木ペアに教わった卒業生のなかに三島由紀夫さんもいました。共同のクラス会が何度か開かれ、三島さんも来ていましたから、お目にかかっています。

陛下は、自分たちで家族をもつことを、ひとつの大きな目標に生きてこられて実行されたわけですが、三島さんは、「天皇というのは国民全体が家族だろう。国民全体を家族と思え、私的な家族をもつのは間違いだ」と言われ、それが陛下にはとても引っかかったと思います。

やはりある意味では、陛下も人間でありたいということです。家族をもてる、あるいは子どもを自分の手で養うというのは、その最たるものだと思います。

それがひとつの大きな目標でしたから、それを否定されたうえに、三島さんは「国民皆兵が当たり前だ」という話もされていたようです。私はよく知らなかったので、三島さんがあのような最期を遂げるとは想像もしていませんでしたが、陛下は三島さんをそういう人柄だと知っていらしたのかと、びっくりしました。

武蔵小金井からの再出発

戦争に負けて疎開から帰ってきて、わずかな期間がありましたので、その間もう一回、学習院初等科で勉強して卒業して、中学に進みました。

だれが配慮したのかはわかりませんけれど、目白の学習院にはまだ私たちが入るくらいの建物はあったのですが、そこで当時の皇太子が勉強を続ける、戦後のすさまじさを身をもってご体験なさることはあまり感心しないという考えもあり、武蔵小金井に仮御所を建て、隣にあった非常に質素な会館を教室にして、昭和二一年（一九四六）四月、中学の授業を受けはじめました。

年齢的にもいたずら盛りで、そこへ平和主義が飛び込んできて、極端に言えば従来の日本とは違った社会の雰囲気になっていましたから、それをいいことに私たちはやりたい放題でした。

当時の日本は占領下ですから、あっちに行ってもこっちに行っても、進駐軍の兵隊さんが大手を振って歩いていて、あれが私たちが新しくはじめる民主主義の姿かと思っていました。マッカーサーにはそれなりの配慮があり、冷戦もはじまったものですから、現在に続く皇室のかたちになりましたが、昭和天皇は「自分はどうなってもいいから、国民だけは助けてください」という話をなさっていました。

そんななかで、陛下がいちばんお変わりになったのは、小泉信三さんとエリザベス・グレイ・ヴァイニング夫人の影響です。この二人は意外に話が共通していました。小泉さんがヴァイニング夫人を大事にしたのかもしれません。

天皇の人格形成

小泉信三博士の見識

小泉信三さんは、明治二一年（一八八八）生まれの経済学者で、昭和八年（一九三三）から二一年まで慶應義塾の塾長を務められました。

自宅が空襲で焼けた際に大火傷《やけど》をされ、終戦時は療養中でした。火傷で健康が優れない時期から、請われて皇太子殿下の教育顧問になられました。最終的には、東宮教育常時参与に就任され、敗戦後、新憲法のもとでつぎの天皇となる皇太子殿下が、どのような人格と識見をもって成長されるかを見守る、きわめて重大なお立場でした。

毎日、東宮御所に顔を出し、自分の意見を東宮職に浸透させていかれ、宮中独特の合理性のない旧弊には批判的でした。高等科時代には、殿下が入られていた寮にも足繁く通われています。

小泉さんは、ご長男が海軍に行って戦地で散ったわけですが、小泉さんの頭には、自分が慶應の塾長をやっていた時代は戦争の最中であって、子どもまで奪われたし、やはりその時代の大人がもう少し賢明であれば日本はあんなにならなかったのではないか、という意識があったのでしょう。自分の子どもたちの世代を戦争でほとんど失ったなか、日本の将来を考えると、もうひと世代若い皇太子をどういう元首に育て上げるかがとても大事だと考えたのだと思います。

小泉さんは、日本は負けた、政体がもうすでに変わっている、これまでのような独りよがりの天皇、皇室のありかたではもう外国は振り向いてくれないのではないかと思いを巡らせ、まだ中学生だった皇太子を、もう少し主体性をもって、世界的な動きと協調して動けるような天皇に育てたいと考えたのでしょう。

もちろん、それまでの時代も、天皇は相手に対してそれなりの対応をしていたわけですが、もてなすとかアドバイスをするのは天皇の側近の役目で、天皇自身はそれをただ見ていればいいのが日本の皇室だったと思います。

これからの時代、それではまずいと思ったのが、小泉信三さんです。小泉さんも、せっかく育てた長男が戦死してしまったこともあり、その時代の若者たちに親たちがどうも間違ったことしかできなかったと思ったのでしょう。だからせめて、戦死した子どもより少し若いけれども、若い象徴である皇太子様にその時代の失敗をわかっていただきたいという気持ちがあったのではないかと、私は思います。

1959年4月6日、皇太子殿下と正田美智子さんの結婚を目前に控え、自宅に招いたヴァイニング夫人に美智子さんを引き合わせる小泉信三さん。

ヴァイニング夫人の気品

いっぽう、エリザベス・グレイ・ヴァイニング夫人がどうやって選ばれたのか、くわしくはわかりませんが、昭和天皇もかかわられたと思います。

中等科一年生の二学期、昭和二一年一〇月、英語の先生として、ヴァイニング夫人が小金井に見えられました。ヴァイニング夫人はこのとき四四歳でしたが、黒のスーツと大きな帽子のスラリとした美人で、年齢よりずっと若く見えました。

ヴァイニング夫人は、皇太子が生まれた年にニューヨークで自動車事故に巻き込まれ、ご主人を亡くし、ご自身も重傷を負って療養中に熱心なクリスチャンになりました。しかし、教室はもちろん、どのような場面でもキリスト教の話はなさいませんでした。また、夫人には、戦争に勝った国の一員として敗戦国の日本に来たという意識はなかったようです。

布教を自制したうえに、日本人と接する際の姿勢も謙虚で、いたずら盛りの中学生たちもヴァイニング夫人の言葉に耳を傾けました。英語の教育にとどまらず、本当のデモクラシー、個人の尊厳、自由と責任の大切さを身をもって教えてくださいました。

中等科の机の配置は背の順で、皇太子殿下は真ん中の列の前から三人めでした。授業中、ヴァイニング夫人はよく机の間を歩いて回られ、教壇に立って講義をする先生が多かった時代にとても新鮮に感じたのを覚えています。

最初の授業で、生徒は本名とは別のアメリカン・ネームをつけられました。「ジミー」と名づけられた皇太子は、「自分はクラウン・プリンスです」と抵抗しましたが、結局受け入れました。

昭和二五年、アメリカに帰国後、日本での経験をまとめて出版された『皇太子の窓』には、「一生に一度だけ、敬称も一切つけられず、特別扱いもまるで受けず、まったく他の生徒なみになることも、皇太子殿下にとってよい御経験になるだろうと考えたのである」と書かれています。文字どおり皇太子の世界への窓を大きく開いてくれた先生です。

ベトナム戦争が起こると、反戦運動で立ち上がり、非暴力のデモに加わって警察に拘束されています。穏やかで礼儀正しい、日本で接した夫人からは想像できませんが、アメリカ特有の人権に対するまじめさと信仰の力を深く考えさせられました。

ヴァイニング夫人は、日本の場合はやはり皇室が上にいたから、ある程度の秩序が守れてきたと思っていたのでしょう。国家というものはやはり秩序が必要であり、皇室がいかに大事かを我々に教えてくれたようなものです。

殿下の個人教授に二人の学友が参加することになり、私と草刈廣君が加わったんですが、ヴァイニング夫人は長い間にわたって、個人教授あるいは教室や御所での教えを含めて、若い皇太子に直接教えました。

学習院中等科でヴァイニング夫人の英語の授業を受ける皇太子殿下。1947 年 7月、東京都小金井にて。

皇太子のほうも、小泉さんもいらしたためかはわかりませんが、ほかの子どもたちがいたずらを極めたのに反して、わりあい素直に先生の話を聞かれていました。

教えを吸収する若き日の皇太子

小泉信三さんやヴァイニング夫人に出会われて、皇太子殿下はとても変わりました。人への優しさとか、平和を大事にするとか、人間が尊重されないと世界はだめになる、そういう考えが生まれたのはこの二人のご指導によると思います。

お二人によって、人のために尽くすのが皇室の人間にとっていちばん大事なことだという意識に変わられたんです。

しかし、いまでも小泉さんのお嬢さんは、「お父さんの教えもよかったかもしれないけれども、なんといっても皇太子ご本人が教育に対して従順で、ひとつひとつ大事になさっていたということですよ」とおっしゃいます。

小泉さんやヴァイニング夫人には、外国の王家や王室のように、国家の象徴として国の柱を支える人材になってほしいという思いがあり、陛下もそれをだんだんと身につけてこられたと思います。まわりの子どもたちもそう考えていましたが、ほかの先生がたのなかは、やはり過去の日本の皇室のありかたにこだわっていた方もおりました。たとえば相手が見えないくらいの深いおじぎをしたり、過度にひれ伏す先生もいました。

小泉さんやヴァイニング夫人は、それよりももう少し自由な考えかたで、これからの時代を担う皇太子には、人間として尊敬の対象になるような仕え方を伝えたいと考えていました。いろいろな先生がいらっしゃいましたが、小泉さんから見ると戦前と少しも変わらず、御所の事務所にご飯を食べにいっては、「あなたがたのやってきたことは、ちょっと古いのではないか」と言っていたようです。

当時は知りませんでしたが、あとで聞くと、小泉信三という人は外務大臣や総理大臣にまでなってくれと頼まれていたようです。小泉さんは、そういう官職をすべてお断りして、つぎの天皇になる皇太子をどういうふうに育てたらいいかを一生懸命考えていました。

小泉信三さんとヴァイニング夫人との信頼関係、相互理解は強いものがあり、殿下と皇室のありかたについて、お二人はほとんど共通の認識をもっていました。これからの皇室は、国際的に理解され、世界的に通用する識見や態度をおもちになる必要があると考えたのです。

「人をもてなすこと」は、いまは当然ですが、日本の皇室では必要のないものとして否定されてきました。神格化された不幸な歴史を踏まえ、皇族ならばこそ、すべての人びとの人格の尊重がいちばん重要であり、これが皇室としての精神的な根源だと若い皇太子殿下に悟らせました。

今日まで続く戦地への慰霊の旅、東日本大震災など被災地への訪問での天皇皇后両陛下の姿勢を見ていると、小泉信三さんやヴァイニング夫人から学んだ皇族としての生きかたをいまも実行されている、両陛下の意志の強さを感じます。

皇室を育てる学習院の伝統

学習院という学校は、皇族としての教育がある程度できたことがメリットでした。明治末期にのちの昭和天皇が学習院に入学すると、陸軍大将だった乃木希典《のぎまれすけ》さんが学長になり、学習院女学部の前身だった華族女学校には歌人の下田歌子《しもだうたこ》さんがいらして、その方たちが自分が考える方針をきちんとやらせたし、それによって、ひとつの方向で後継者が育っていくようにしてくれていました。

戦後の学習院の中等科では、東大の教授を中心に、錚々《そうそう》たる先生方が顔をそろえていました。戦争中、皇太子に特別教育をするための準備が進められていたのです。

戦争に負けるとは思わないから、御学問所をつくろうとして著名な先生方に声をかけていました。中学生になる皇太子を教えていただきたいとお願いし、その方たちは準備をされていましたが、敗戦後、マッカーサーによって、「御学問所はだめだ、ふつうの教育をしなさい」と言われてしまいました。その先生方を断るわけにもいかず、先生方はみなさんそのおつもりでいらしたから、ほとんどの先生方は、三クラスあるなかで、皇太子がいらしたクラスを教えにきてくださいました。

戦後になって、陛下は同じ人間としての付き合いを望んでいらっしゃるのではないかと勝手に思ったり、そうでもないのではないかと思ったり、同級生もいろいろと考えました。

同じ学校に長いこと通うなかで、やはり天皇のありかたとか、ご自分たちが家庭をつくってどういうことをしたらいいかとか、それを世の中はどう見るかとか、ヴァイニング夫人はどう見るかとか、いろいろと素朴にお話しをしていた友達も結構いると思います。

たとえばヴァイニング夫人はクラスで英語を教えるのと並行して、皇太子に加えて毎年順番に二人の生徒に個人教授を続けていました。あるときは織田正雄君、彼は、一九二八年のアムステルダムオリンピック三段跳び金メダリストの織田《おだ》幹雄《みきお》さんのご長男でしたが、彼は私たちみたいにただ遊ぶだけではなく、もう少し難しい話をヴァイニング夫人とご一緒にしていたようです。政治とか人権とかと国連憲章などがテーマの英文を読みながら、ヴァイニング夫人は教えていたみたいです。

しかし、私などは馬の競争相手みたいもので、あいつは馬の話しかできないという感じで、お好きではなかったのでしょう。

学習院高等科馬術部で優勝カップを手にするキャプテンの皇太子。左端が筆者。

陛下はとてもご記憶がよく、たとえばクラス会で長い間来なかったやつが来るとき、事前に陛下にその人物について話をしておかないとお困りだと思ってすると、「そんなことは知ってるよ」と返されるわけです。

収穫の多いロンドン外遊で学習院を退学

昭和二八年（一九五三）六月二日、イギリスでエリザベス女王の戴冠式《たいかんしき》が行われ、大学二年だった皇太子も出席されることになりました。ロンドンへの外遊はとても収穫の多いものでしたが、長期間の外遊で出席日数が足りなくなり、学習院を退学になってしまいます。

私は高等科が終わると慶應大学に行ってしまったので本当のことは知らないのですが、戦後になって学習院大学という新しい大学がつくられ、文部大臣で戦後の教育制度改革に尽力した安倍《あべ》能成《よししげ》さんが院長で、ほかにも哲学者の天野貞祐《あまのていゆう》さんなどの大家が学習院に迎えられました。急に大学の先生を集めなければならないので、優秀な先生方が東京大学を中心に集められました。当時の東京大学の先生はどちらかというと左翼系の人が多く、学習院と皇室との関係をあまりよく理解してくださらなかったようです。

エリザベス女王の戴冠式だけならよかったんですが、小泉さんは、「この際アメリカにも参り

エリザベス女王戴冠式の出発前の送別会。常磐松の東宮仮御所にて。前から５列目左端が皇太子、３列目左端が筆者。

ましょう」と言って、長期にわたる外遊になったんです。

そのために出席日数が非常に少なくなってしまって、安倍能成さんがそのあたりを調整できなかったのは問題ですが、おもに東京大学をお出になった若手の先生たちが、皇太子だからといって特別扱いにするわけにはいかない、ふつうの学生と同じようにしなければいけないと言って、退学を命じたわけです。

いまだから言えるのかもしれませんが、結果的にみれば退学などにしないでふつうにご卒業いただいて、天皇陛下が学習院大学という学校をお出になったといえば、そのほうが大学にしてみればよほどメリットがあるはずです。

退学にはなってしまいましたが、このときにイギリスに行かれたことは、戦後日本にとっても非常に大きな意味があったと思います。

皇太子はイギリスに出発される前、同級生を常盤松《ときわまつ》の東宮仮御所に呼んでくださり、送別会が開かれました。私はもう慶應に行っていましたし、ほかの大学に行った者も何人もいました。

そのときに、二人なら横浜の港まで入れるということになり、抽選したところ、一橋大学の学生でのちに光文社で多くのベストセラーを手がけた長瀬博昭君と私が当たって、ご出港の桟橋《さんばし》まで行ったんです。たいへん偉い人たちがお見送りにきているなか、私たちは出港されるまで手を振ったりしていました。

皇太子様は、たいへん立派な背広をはじめてお召しになって、馬術部の大先輩で宮内庁の吉川重国さんたちと一緒に出発されました。

長い船旅ですから、麻雀をなさったりして過ごされたのではないでしょうか。留学経験があり海外におくわしい吉川さんのお世話で、ロンドンでは馬にお乗りなったり競馬場にも出かけたりして過ごされたようです。

向こうでは敵国、敗戦国のひとりの皇太子で、戴冠式に参列されたときも上の席ではなく、特別には扱われなかったようです。ご自分で買い物をする機会もあり、それがかえって若い皇太子にとっては自由でよかったようです。

帰ってきて、「イギリスはとてもよかった。ワン・オブ・ゼムだから特別扱いもされなかったし、やりたいことができて、馬の道具なども買えた」と私たちにおっしゃっていました。

チャーチルにもずいぶんお世話になったようで、その後アメリカに行ったら、国賓になってしまい、行動をたいへん束縛されて、「やりたいこともできなかったし、つまんなかったよ」とおっしゃっていました。アメリカでは、表面的にはずいぶん大事にされたようですが、自由には旅行できなかったようです。

まさか大学を退学になるとは思わず、ロンドンで馬に乗る道具をいろいろとお買いになったのに、日本に帰ってきたら退学になっていたわけです。残念という言いかたはなさいませんが、なにしろ「僕はもうふつうの学生ではなくなったから、学校の代表として競技には出ないから、いらなくなった馬の道具はみんな君にあげる」とおっしゃり、道具をすべてくださいました。

馬術からポロへ

退学になってからは、聴講生として毎日学習院大学に通っていらっしゃいました。イギリスに行く前は、馬術部でかなり活躍なさってましたから、ご自分も楽しみに帰ってきたと思うのですが、馬術部にはほとんどお出でにならなかったようです。

それでポロがはじまったんだと思います。ポロのお相手は、だれでもよいというわけにはいきませんので、高校時代、馬術の定期戦をやっていた「附属（東京高等師範学校附属高校。現、筑波大学附属高等学校）の連中を呼ぼうよ」ということからはじまって、だんだん大きくなっていきました。

附属で陛下がいちばん仲よしだったのは、斎藤七朗さんです。参議院議長を長くやっていらした斎藤十朗さんの兄で、遠慮をなさらない半面、それなりの節度もありました。

斎藤七朗さんは、三井物産でロンドンに何年か駐在されていました。英国の王室をはじめポロが行われているところに、日本人はなかなか入れないんですが、彼は参加を許されたようです。

学習院馬術部の新年「初乗会」での両殿下と筆者。東京・目白の学習院大学キャンパスにて。

そうした経験を日本に持ち帰られたこともあり、陛下はたいへんいいお友達だと思っていらしたようです。

東宮御所の青山一丁目寄りの野芝が生えていた御用地内に、ポロのための馬場をつくりました。移動できるフェンスやゴールをつくりましたが、園遊会のときにはお客さんの駐車場になって、車が入るので、でこぼこになってしまいます。ポロをやるためにはたいへん広いスペースが必要になりますが、それは無理なので、私たちはインドアルールでやっていました。

私たちは友達だから楽しんで取り組んでいましたが、陛下は、そのころからお立場が違いました。たとえば、馬を運んでくる運転手さんが、お茶のときには遠慮をして、遠くの見えないところにいるんですが、陛下は「どうしてあの人を呼ばないの」とおっしゃって、「一緒に座ろうよ」と声をおかけになったりと、同じ国民だという意識で振る舞われていたのだと思います。

侍従さんたちは参加なさらず、「今度の日曜日は殿下が馬をなさいますから来てください」という連絡が入るだけです。人選も私がして、参加者を電話で呼び集めていました。毎回ではありませんが、結婚後は妃殿下もおいでになり、そのうちに馬もご一緒にされるようになりました。

陛下は正田美智子さんとご結婚後、いまの東宮御所で皇太子・妃殿下としてお過ごしになったわけですが、その間三〇年間ぐらい、私は馬のお相手で日曜日に通い、おくつろぎの場面でのお付き合いを続けておりました。

私は小さいときからご一緒でしたが、性格的に陛下のために尽くそうとは思っていないものですから、そんなにお気に召したほうの友達ではないと思っています。

結婚してからも家族ぐるみでお付き合いをさせていただいていますが、私より親しい友達もいると思います。ただ、仲がよいとか悪いとかは別として、お目にかかっていた頻度は圧倒的に多いと思い、責任も非常に感じております。

昭和天皇との毎週の会食

学習院中等科の時代、昭和天皇と皇太子は、ほとんど毎週お会いになり、父と子とでお食事をご一緒されていました。

昭和天皇の性格や生きかたから推測すると、自分たちが誤った戦争に巻き込まれて日本のためにお役に立たなかったと、かなりはっきりおっしゃっていたと思います。皇太子もそれを聞いていらしたので、本当に難しかった歴史の時代をどう認識したらいいのか、かなり勉強なさったようです。実際に何が話されたのかはわかりませんが、いまの陛下の平和志向はそこからずいぶん影響を受けていると思います。

昭和天皇から戦争にいたる話を聞き、国内巡幸や海外歴訪など戦後の活動をそばで見ていて、いまの陛下は平和主義者になられたのだと思います。歴史をよく見てくださいとおっしゃっていますが、それぞれの立場で頑張った人がたくさんいるのに戦争の時代に抵抗できなかった、流されてしまった原因はなんだったのか、やはりそこを知っておかないと日本人はまた騙《だま》される、そういう心配をなさっているのだと思います。

美智子皇后との出会い

美智子皇后のお考えについて、本当のことはよくわかりません。私たちだって自分の家で夫婦生活を続けていれば、八十代半ばまですべてがうまくいくとは思わないし、互いに影響し合うと思うんです。一般では、どちらかといえば、やはり奥さんの意見のほうが強くなりがちでしょう。

それと同じで、陛下と皇后様もすべてがつうじるわけではないと私は思っていますが、あの組織というかご家庭は、朝から晩まで、夫婦しかいないんです。あとは侍従さんだけです。

どうやって、日本、あるいはもっと広い人たちにどう影響を与えられるのかは、お二人で話されるでしょうし、皇后様の発言力や影響力もあるとは思います。

陛下と正田美智子さんは、軽井沢のテニスコートで出会われました。美智子さんのほうは「私はそういう育ちはしていません」「いくらおっしゃっても、私はいままでの生活が違います」、だから宮中に入るなんてとんでもないと逃げ回っていたわけです。

それを小泉さんたちが、時代は変わったんだと、旧宮様もいらっしゃるかもしれないけど、それは旧宮様であって、アメリカに負けた日本ではなんの意味もないと、説得されたわけです。あれだけのお育ちとご両親をもった美智子さんはもっともふさわしい方なのではないか、しかも皇太子ご本人が美智子さんをたいへん尊敬なさっていて、この機会を逃す手はないとマスコミを含めて緘口令《かんこうれい》をしいて、バックアップして実現したものです。

そのときに不思議に思ったのは、小泉さんやヴァイニング夫人が皇室として適任者だといったにもかかわらず、当時のマスコミは、「はじめての民間からのお嫁さん」と大きな声で叫びまくりました。だから国民はそう思ったし、いちばんの問題は、ご本人もそう思ってしまったことでしょう。正田美智子さんは、いまでもそれが影響していると私は思います。

能力や叡智などいろいろな品格を含めて、新しい皇室にとって最適の皇后であるはずなのに、いまだに影響しています。そういった民間対旧皇室のような理屈に合わない理論は、小泉先生が生きてらしたらなんと言うかと、一学年下で侍従次長から掌典長を務めた手塚英臣とも話します。今度のご退位の問題にしても、小泉さんたちが生きていたらなんといってどう見るだろうかが気になります。

キリスト教と神道の伝統

正田美智子さんはキリスト教の世界のなかで育って、それが社会規範としていちばん人間にいいと教わりながらお嫁入りされたわけですから、それ以後いろいろな人にいじめられたり週刊誌に書かれたりして、声が出なくなったり動けなくなったりしました。でも、もっとも気にされたのは、クリスチャンの世界と神様を尊重する天皇家の伝統、自分のなかでは違っていないと思っても、そこが具体的に引っかかってくるのでしょう。

ご聡明な方だけにたいへん悩まれたと思います。身体を壊してまで悩まれたのも、皇后様にいじめられたとか書かれましたが、そうした旧体制にいじめられたのではなく、信仰してきたキリスト教の道と天皇家が伝統としてもっている神格のようなもの、本質は同じだと思いますが、そこをどう調整していくかで身体を壊されたのではないかと思います。

美智子様は、非常に意志が強く、いろいろなことにご熱心ですが、陛下がいちばん惹《ひ》かれたのはテニスで、「まさか負けると思っていなかったのに、やられた」ことだと思います。それをバックアップしたのは、やはり小泉信三さんが美智子様のご両親とたいへん親しくされていて、「お嬢さんのことは知らないけど、お二人のお嬢さんだったら間違いない」と思ったのでしょう。

小泉さんもヴァイニング夫人も正田美智子さんを知っているわけではないのですが、いろいろと話を聞いたり、お生まれになってからのいきさつを調べたり、たいへんユーモアがお好きだといったことがわかってきて、ものすごく喜びました。実際に美智子さんが妃殿下になる際にも、ヴァイニング夫人は直接お会いになり、お人柄をたしかめたりして大満足だったようです。

正田美智子さんは、自分をとても卑下《ひげ》しながら皇室にお入りになったわけです。育ってきた家庭をみれば、皇太子妃になるような環境で育ったわけではないと躊躇《ちゅうちょ》されていたのを、小泉さんたちが熱心に説得したわけですが、それ以上に世の中とマスコミが、もう少し自然に接すればいいものを、「こんなきれいな方がはじめて民間から皇太子妃になる」と言い過ぎました。

皇室自体、もっともふさわしいお嬢さんをせっかく自然に妃殿下にできたにもかかわらず、なんで「民間、民間」と言うのかがよくわかりません。それまでは旧宮家のような方が嫁《とつ》いでいらしたので無理もないですが、それは違います。

小泉さんにしてみれば、何を言ってるのかわからないわけです。旧宮家というのはあくまで旧宮家で、すでにふつうの方になってしまっているわけだから、戦争に負けて民主主義の日本ができたにもかかわらず、なぜ明治天皇の血が混ざっているのが大事なのか、おそらく小泉さんは、そのあたりは割り切っていらっしゃったと思うんです。

そういう階級制度は明治維新以降につくられて、国家に対して何か貢献した連中に爵位を贈っていったわけです。いまの陛下はそのあたりの無理な国家形成に対して、疑問をもっていらしたと私は思います。宮様がふえるのはいいけれども、それが日本という明治以降の天皇中心の国家にどういう役割を果たしたのか、マイナスの役割もかなりあったのではないか、それをなにもいまさら言うことはないだろうと思っていらしたのではないでしょうか。

だから、人間本位の皇室をつくるには、そういうものはむしろ歴史が残した悪弊であるという気持ちもあると思います。

明治維新とはなんだったのか、幕府を倒して新しい日本をつくる、そのためには天皇を頭に戴いて国家を形成する、そうやって近代化を進めると、伊藤博文《いとうひろぶみ》さんたちが考えて実行していったのだと思います。

それが何をもたらしたかというと、残念ながら戦争の時代になり、日本はそこから逃れられませんでした。明治維新はよかった面ももちろんありますが、日本国民が敗戦国になってダメージを受けた元はそこからはじまってるのではないか、天皇を中心として天皇が実権をもっている国家が本当にいいのか、自分たちが天皇になる時代にはそうではなく、国民のため世界の平和のために役に立つように努力をしなければいけない、そういう考えだったと思います。

第三部——新しい時代の皇室

明石元紹

象徴天皇としての役割

天皇の国事行為と祈り

国事行為を公平にやろうとすると、全体の仕事量がふえますから、そこをどう考えてだれが調整していくかでしょう。そのあたりは難しいでしょうが、陛下のように平等主義を徹底するなら、いっそのこと全部やめてしまう選択肢もあります。陛下が取り組まれているのは、国事行為だけではないですから、つぎの代、いまの皇太子殿下が背負えるかどうか心配もありますが、それは皇太子ご自身の問題で、ご自分で考えるでしょう。

いまの陛下も、昭和天皇のスタイルをそのまま引き継いだわけではありません。ご自身の方法があり、法律の範囲で、ご自分たちで何が大事か必要か、見極めて行動することが皇室の役目だと思っておられると思いますが、いまはそれだけではなかなか通らない状態になっています。

いかに陛下が思ったとおりにやらせてあげられるかは、宮内庁だけではどうにもなりません。

2011 年 4 月、東日本大震災で被災した宮城県南三陸町を訪れ、黙礼される天皇皇后両陛下。

やはりもっと大きな力をもった組織が、国民を代表してバックアップしないと、いまの域を脱しきれないでしょう。いちばんは政権との関係だと思います。

ただ、皇室がするべき仕事や立場と、時代を担っている政権は本質的に違いますから、政権との関係だけをいつまでも重んじていると、皇室本来の姿からだんだん離れてしまいます。

皇室にとっての「祈り」についておっしゃっている方がたは、政治とは離れた存在として国民のためとか、あるいは日常何をなさるかといったら、祈りがあるのではないかということなのでしょう。

しかし、平成になってから両陛下がなさってこられたのは、祈りは祈りだけれども、そのほかに自分たちが若いときに教えられた活動です。思ったり祈ったりしてるだけではだめで、自分で足を運んで向こうの人と直接会って、過去に日本がもたらした不幸に対しての実際の慰霊、そうした行動をなさるしかないのではないでしょうか。

外国に出かけての慰霊も祈りの範囲であって、宮中三殿で鈴を鳴らしているだけが祈りではないということです。自分たちで足を運んで実行しないと、宮中で祈ってるだけでは相手は感じません。意味のない闘争や戦争をふたたび起こす可能性をなくすためにも、自分たちがかかわった過去の戦争の被害者に対して、みずから足を運んでお願いする、お慰めすることが自分たちの仕事だと考えているのだと思います。

両陛下は行きたいところにだけ行っているように見えるかもしれませんが、ご訪問によって混乱が生じるところには、やはり行けません。その分別も必要で、できる限りのことはなさってきたと思いますが、それに対して国家がご苦労様ときちんと理解してくれないのは悲しいことです。

実益を離れ、長い目で活動する皇室

国際親善にも一生懸命取り組まれていますが、昭和天皇の時代にくらべて国がとてもふえているわけです。天皇陛下の頭のなかでは差別をするわけにはいかないから、どんな小さな国でも国の代表としておいでになるからには、公平に接遇しなければならない。

それはたいへん価値があることですが、やはりだれかが、「昔とは国の数が違います」と進言しないといけません。

いま、陛下はとてもご多忙ですので、おできになることだけを一生懸命なさればいい。しかし、公務など、もう少し減らす必要はあるでしょう。昔は相手国に到着するまで半年くらいかかりましたが、いまは電話ひとつでも済みますから、外務省の大使が担当しなくても同じことを総理大臣でも外務大臣でも、じかにできるわけです。

私たちは日曜日に乗馬のお相手をしましたが、陛下は世の中が考えているほど暇ではなく、月曜から土曜までは御進講が相次いでいたわけです。そんななかで明治以降の近代史などを勉強されたのだと思います。

最近も、加藤陽子さんや半藤一利さん・保阪正康さんをお呼びになって、ご夫婦で話を聞かれたようです。半藤さんに言わせれば、太平洋戦争では陸軍が悪いことばかりしたとおっしゃるかもしれません。御進講に呼ばれる先生方のなかには、時の流れに流される傾向もあるようですので、細かいところまで敬意を払われているかどうか、少し心配です。

また、皇室の権限がもう少し強ければ、独自性をもって世界の平和と安全を祈り、行動を起こせるでしょうが、やはり政治というのは非常に短いスパンで、日本の国が世界的に有利な行動ができるように考えるわけです。

ところが世襲制をとっている皇室というのは、そういう短いスパンではなく、もっと長い目で実益を離れて考えて、どれだけの活動ができるのかということが大事だと思います。それができない皇室ではあまり意味がありません。

そういう状況のなか、私どもがなぜ発言をするかというと、八〇年以上、戦災の時代も含めて日本で生きてきましたから、長いスパンでものを考えられます。ところが、若い方たちはまだそこまでは考えられないでしょうから、私たちがあえて発言しているわけです。

日本の伝統文化を守ってきた皇室

陛下のほうも、古来、日本の皇室が大事にしてきたことをよく理解されて、いまでも実行されておられますけれども、それが日本の宗教だと思ってはいらっしゃらないと思います。

私なりの解釈では、伝統文化というのは皇室にとって非常に大事なことですから、日本の伝統文化とはなんなのか、それが何に由来しているのか、理屈上はどうなのかまで、科学者でもある陛下は、綿密に研究なさり、宗教ではなく伝統文化が皇室を育ててきたし、大事なものを捨てては絶対にだめだという意識で、伝統行事を続けているような気がします。

そのあたりを陛下はうまく選択なさっていると感じます。捨てるものは捨てる、残すものは残すという選択が、きわめて適切で賢明であると感じます。具体的に表現するのはなかなか難しいのですが、なぜいままで皇室や天皇制が続いているのかを理解しないといけません。

そうしたことは、安倍総理や麻生副総理にはわかるはずもありません。だから、そこを周囲が言わないとだめだと思います。

奈良時代より古い時代の伝統を、現代社会のなかでどこまで活《い》かせるか、それはもう真剣かつ賢明に選択されています。たとえば、昭和天皇はご病気で倒れられてから、ほとんど医学的な治療をしていません。お断りになったのかもしれませんが、できなかったのでしょう。玉体《ぎょくたい》だと思う人たちがまわりにいたわけですから、ふつうの医学的治療はできません。

陛下はそれを近くで見ていらっしゃったから、みずから進んでたいへん危険な手術までなさったわけです。

なぜかというと、自分の身体は個人的なものではないと思っていて、日本のために尽くしている人が病気で死んでしまえば、困るのは国民だけでなく全世界の平和主義者ではないかと思っているから、頑張られたのでしょう。

長年にわたり、陛下といろいろとご一緒してきたから言うのではなく、日本という国がほかの国と違って独自で平和を守り、ひとつの秩序のもとにいろいろな政権が活動していけるかがいちばん大事だから発言するわけです。極端な話、それができるのであれば皇室が不要になったとしても、かまわないと思っています。

ただ、こうした皇室があることで、平和が守られています。皇室を活かさないといけません。日本の国民が皇室を活かさないともったいないのです。

平和につながる皇室のありかたを国民がしっかりと理解するのが重要だと思っています。

我慢が必要な国際情勢

最近は東アジアの情勢が混迷していますが、現状のままでは解決しないでしょう。流通がとても便利になって、人間の移動も簡単になって、科学も発達して、武器の性能も上がってくる。そういうときこそ各国は我慢が必要だと思います。そういう意味ではオバマ大統領は我慢をしてきました。

いま、我慢をしなくなりましたから、危ない状況です。トランプ大統領は、フロリダの豊かな地域やホワイトハウスにおいでになって、「北朝鮮はミサイルをふやすな」とか「核をもつな」とか、彼の考えひとつで膨大な軍隊が船で朝鮮半島の近海まで移動しなければいけない。

職業だからと言ってしまえばそれまでですが、アメリカの軍人が膨大なエネルギーを使って対応しなければなりません。

離れたところにいる人は言葉だけで終わり、実感が伴いません。たとえば、残念ながら、北朝鮮にしてみれば拉致問題などはもう終わった話で、拉致問題を国家問題としていまさら日本とやりあう気はまったくないでしょうから、日本はどうすればいいのか、もっと大局的に見られないのかという気がします。

私は長年、自動車業界で働いていましたが、自動車では日本は勝ちました。

2016年1月、フィリピン訪問を終え、アキノ大統領に見送られて帰国の途につく天皇皇后両陛下。

日本の商品がもてはやされるのは、ひとつは複雑で細かい自動車の機構が開発できたからでしょう。貿易問題で自動車が俎上《そじょう》に上がるのは当然ですが、政治力でもって経済を仕分けするのは、国民の近代化にとって決して望ましいことではありません。

ただ、確信はありませんが、自動車はそろそろ終わりだと思います。これからはもっと違うもので、世の中が動いていくでしょうから、新しい技術をうまく製品化できる企業が世界を動かす時代になるでしょう。

たとえば、電子機器はどんどん進化していますが、これをどう使いこなし、いかに安くうまく商品化できるかです。

そこに日本は力を尽くさないと勝てないでしょう。うまくいかないからといって、暴力や軍事力に向かうのは愚かです。

私の勝手な解釈かもしれませんが、政権に近い方たちの言っている平和というのが、たとえばトランプ大統領と仲よくして日本の防衛を一緒にやってもらいたいとか、政治家は当然かもしれませんが、非常に近視眼的なことに夢中になっている気がします。

トランプさんと仲よくして、日本の将来が開けるのでしょうか、ロシアのプーチン大統領やドイツのメルケル首相のほうが、国益を考えて、いまはあまり動いてはだめだとか、そういうセンスをもっていると思います。

トランプ大統領は、ＦＢＩの長官を急にクビにしたりしています。根拠に何があるのか、そんな生意気なことを言える立場ではありませんが、かなり心配になります。

象徴天皇のありかたを理解できない安倍政権

安倍首相が画策している旧宮家の復活には大反対です。内親王や女王が旧宮家男子とご結婚して女性宮家を立ち上げるのは、皇室の人数を維持するためのひとつの方法かもしれませんが、女王様が旧宮家の方を好きにならないことにははじまりません。

たまたま旧宮家の方とご縁ができて結婚なさるのは悪いことではありませんが、だれかが仕組んで進めるのは、いずれにしても難しいでしょう。チャンスをつくってあげたうえでなんとなく合意なされば、悪くはないでしょうが、ご結婚はなかなか人が仕向けてできるものではありません。将来、社会的にある程度の地位にいらっしゃるような方と結婚されたほうがいいと思いますが、そういう教育をしていないと難しいでしょう。

安倍首相は、人事を含めて安倍内閣が自分のやりやすい方向にシフトしていける時期だと思ったのでしょうが、安倍さん自身がもう何年も総理をやれるわけではないでしょう。自民党も変わってくると思いますし、皇室をいじろうとしてみても結局は中途半端に終わるだけです。

安倍さんは、自分がやったという記録だけでうれしいのだと思いますが、将来的に国民からは評価されないでしょう。天皇陛下はご発言できない立場ですが、ご自分がなさってきた象徴天皇のありかたや結果が何も理解されていません。

安倍政権が、これまでのありかたとは異なる旧宮家の利用とか、保守とも言いがたい皇室の歴史に対する狭い認識で皇室改革を考えているとすれば、気になる嫌な対応だと思われているのではないでしょうか。

これからの皇室をどうするか

再検討が必要な皇室制度

どういう皇室が存在していれば、平和とか日本のために役に立つのか、そのあたりを考えないで、いまの皇室をどうする、と言っているのはおかしいでしょう。戦争に負けたことも一因かもしれませんが、皇室に対して国民が主導権をもてるようにつくりかえたわけですし、ほとんどの国からも認められているわけですから、それは残すべきだし続けるべきだと思います。

第一次世界大戦でも太平洋戦争でも、勝った国は王室の財産を残して持っていますが、負けた国はみんな戦勝国に取られてしまった。日本は負けたから仕方ないですが、皇室の財産をなんらかのかたちで復活してあげないと、皇室の能力にかかわってきます。自前の資産がないと、自立性がなくなってしまいます。

イギリスにしてももう少しでドイツに負け、すべて取られるところでした。そうなればエリザベス女王にしても、国民の税金で仕事をするしかなかったでしょうが、幸いにして勝ったので、自前の資産をもっています。

いくら皇室が尊重されて頑張られたとしても、皇室財産が一切なくなっているので、国民の税金ですべてを賄《まかな》っています。これはきれいなようにみえますけれども、イギリスをはじめ各国の王室のように、やはり皇室財産をお持ちにならないと、同じ活動をなさってても国民はなかなか納得しません。嫌な話かもしれないけれども、税金で何をやっているんだという話になりますから、私は皇室の財産は絶対に必要だと思います。

もうひとつは、皇室を取り巻く宮内庁などの組織が政府の傘下《さんか》にいて、人事をはじめとした活動の拘束をすべて時の総理大臣が決定できる、推し量れるという制度で大丈夫なのだろうかと思います。利害とは別の見識がなければ、国民のため、あるいは平和のために頑張れるのか疑問です。つぎからつぎへ循環人事で宮内庁の役人がやってきて、その人たちが宮内庁という大きな組織を独立して動かせるかといったら、無理でしょう。それが、敗戦後の皇室にとっていちばん難しい問題になってしまいました。

やはり、まったく異なるポジションをつくる必要があるでしょう。皇室を助け、次世代の皇室を指導する人たちが、官僚であってはダメだと思います。小泉信三《こいずみしんぞう》さんのような学者や、見識のある大物がおいでにならないと、結局は総理官邸の下請けで終始すると思いますから、そこが変わらない限り、いくら皇太子殿下が頑張っても限界があると思います。

テレビを見ていると共通していますが、みんな人のせいにしたがります。東京都の問題での小池百合子都知事と石原慎太郎元都知事の軋轢《あつれき》にしても、だれが何をしたかという話ばかりしていますが、私は制度が悪いんだと思います。

毎日、作家の仕事をしていて、週に一回か二回都庁に行けば仕事ができる、そういう知事の制度がいいのか悪いのか。これだけの都民を抱えているなかで、都議会議員の仕事はなんなのか、中の機構を変えていくのはだれの仕事なのか、そのあたりの責任を取る人はだれなのか、それは何を働かせないといけないのかといった、制度そのものを検討しないから、話がいつまでたっても終わりません。

すべてが同様で、昔は社会制度が違いましたから、オリンピックもＩＯＣは貴族の組織で、王侯貴族が資金を出して、どうしたらつぎのオリンピックがうまく発展するか心配していました。いまは競技で勝ったアスリートが集まって、自分たちでつぎのオリンピックをどこにすればいいか話し合い、ご馳走してくれたところに決まるわけです。

そうした制度そのものを議論しないで、人のせいにばかりするから、話はいつまでたってもまとまらないのです。

戦争経験のない皇太子

両陛下は、やはり戦争体験、疎開《そかい》体験があって、占領されていた時期を過ごされたので、過去の戦争を背負っておられますが、いまの皇太子殿下には戦争体験がありません。皇太子殿下は、ご両親が何に基づいてどういう活動を続けてこられたか、おわかりだとは思いますが、現実には戦争を知らないわけです。平和の時代に育って、いまの世界しかご存じありません。

それで、いまの世界に問題がないかといったら、七〇~八〇年前よりもっとあるでしょう。昭和天皇なり今上天皇がご経験になった時代より、世界は混乱していると思います。

その混乱に対して、日本の代表として、実務とは関係ない異なるポジションから救いの手を差し伸べられるお立場にあるわけで、それをどう実行されるかです。これは、宮内庁という小さな組織とか、皇太子のまわりの方々だけがいくら応援しても絶対に不可能です。

宮内省になるのか宮内府になるのかわかりませんが、独立した大きなポジションをもったスタッフが諸手《もろて》を挙げて応援しないといけないし、それだけではできないかもしれない。それに対して、国家の政治を行っているところが「やってください。なんでもお手伝いします」という手を上げてくれないとできません。

皇太子殿下はそれをご承知だから、「人と水の歴史」などご自分の勉強された分野をひとつのパイプにして活動なさっていると思いますが、それだけでは日本の国民は満足しないと思います。もっと、「さすが日本の皇室は世界と共感をもって、ひとつの運動をしている」、そういう評価にならないと、税金を使うのは困ると言われるでしょう。

皇太子と雅子妃殿下

陛下も最初は引っ込み思案でしたが、運動したり、同級生と付き合うことで切磋《せっさ》琢磨《たくま》され、自己主張するようになりました。しかし、いまの皇太子はそういう教育は受けていません。

戦後民主主義の悪いところだと思いますが、学校教育に平等主義が入り込んできて、学習院初等科の先生に聞いてみると、皇太子殿下には「だれとでも同じように付き合いなさい」「差別をせずに仲よくしなさい」と教えられたようです。

それで、そのように学ばれたのでしょうが、本当の友達とは、「あいつなんか嫌なやつだ」とか「あいつは話しが合う」とか、いたずらを含め、いろいろと経験をして、だんだん友達になっていくものです。同級生との競争がなくなり、だれとも同じようにお付き合いなさる平等主義が、子どもたちの教育に影響したと思います。

先日、テレビの番組でいまの皇太子殿下の小学校からのお友達三～四人にはじめて会いましたが、いまでもお正月に東宮御所へ行って、雅子妃殿下や皇太子様たちとふつうにお付き合いなさっているようです。私たちはそれを知らず、雅子妃はご病気で昔のお友達とふつうにお付き合いできていないと思っていたのですが、実際にはふつうの交友関係を続けておいでになります。そういう事実をもっとオープンにしてもいいと思います。

そのときはたまたま調子がよかったということではなさそうです。緊張されると変わってしまうのか、まわりの環境によってご病気の悪いところが出てしまうのかもしれませんが、少なくとも本来のお友達とそういうお付き合いをなさっていらっしゃいます。

話は少し変わりますが、雅子妃と一緒になられたころ、お二人にお目にかかったんです。私が馬の仲間だとご存じで、「最近は雅子と一緒によく馬に乗っているんですよ」とおっしゃったから、「殿下は馬をお嫌いだったんじゃないですか」と申し上げたんです。

乗馬は、お父様がお母様を一生懸命教えていましたが、大人になってから習うと怖いんです。美智子様はいろいろと言われ、ますます怖くなられたようで、それを見ていたお子さんたちが、なんでお父さんはお母さんを馬に乗せていじめるんだと、「乗馬反対」の貼紙を貼っていました。

秋篠宮様のほうは馬に乗っていらっしゃったけど、皇太子はあまりお好きではない感じでした。外国にいらっしゃる前などは、向こうで乗らなければならないかもしれないとあわてて練習していましたが、そういうのを見ていたので、「お好きではないんでしょう」と尋ねたら、「そんなこ

1993年6月9日、皇太子様と雅子様の「結婚の儀」が行われ、東宮御所までの沿道で祝福する人びとに手を振るお二人。

とありません」とお答えになりました。

馬というのは、あわてても上手《うま》くなりません。いまの陛下の教わりかたが理想的で、小さいときに小さい馬からはじめて、じっくりあわてずに教えられるのがいちばんで、実力もつきます。

ところが、学校の馬術部は、すぐにうまくならないと競技に勝てないのであわてて教えますが、それではだめなんです。

皇太子とは対照的な秋篠宮の幼少期

陛下のご退位について、皇太子殿下や秋篠宮様がどう考えているのか、くわしくはよくわかりません。

ご幼少のときからいまの皇太子殿下を見ていて、ご両親ともつぎの天皇を任せるのはこの子だと、一生懸命勉強させたり、ロンドンにも行かせたりしていました。だから、皇太子殿下はそういう目的意識を強くもってお育ちになったと思います。オックスフォード大学へ留学されたときも本当に真面目に勉強されて、お帰りになったときには、「ロンドンはとてもよかった」と直接お話をうかがいました。

それにくらべて弟の秋篠宮のほうは、育てられかたも違いました。子どものころからかわいかったですが、少し自由に育てられました。いいところもありますが、私たちが次期天皇を意識して拝見していると、これでいいのかなと思うところもあります。ご自身も、天皇を引き継ごうと思ってお育ちになったのではないと思います。

東宮御所で馬やテニスをしたりするときに、秋篠宮様はもう帰ったほうがいいのではないかと思うくらい、いつまでもやっていました。女の子もいるなか、勉強などなさらないのではないかと思うくらい暗くなるまでお付き合いなさっていましたが、皇太子殿下のほうは「僕は勉強があるから失礼します」とおっしゃって、滞在する時間は秋篠宮様の一〇分の一くらいでした。

中学高校生くらいのときですから、ご両親の指導によるものなのか自分自身の性格なのかわかりませんが、秋篠宮様は朝から晩までいらっしゃいました。秋篠宮は、いまは皇位継承者と騒がれますが、あのころは、そうしたことはだれも考えずにのびのび育てられました。天皇になるという前提はなかったと思います。

ご結婚も秋篠宮様はご両親譲りではないでしょうが、テニスをご縁に妃殿下と知り合われました。昭和天皇がかなりきびしくなっている時期でしたから、たいへん急がれていました。早くしないと喪中になる可能性もあり、相手がお気の毒だと焦って、皇室内で急がれた面もあります。

オックスフォード大学への留学なども、向こうでじっくり勉強なさるというより、つぎのステップを早めに考えて、急がれたのではないかと思います。

当時は後継者問題もありませんでしたので、秋篠宮様のご結婚は後継者とは結びつかず、皇太子殿下が早く結婚されるのが待たれました。

私は、だれに継がせて皇室をどういうふうに続けていくかは皇室の問題であって、そのときの政権の課題ではありません。議会制民主主義ですから、ある程度、かたちをつくらなければならないとは思いますが、本質的には当事者たちの気持ちなり日常の生活のなかにあるのであって、人間である以上、皇室の外の人が云々する話ではないと思います。

政府ではなく国民全体の応援が必要

官僚組織の宮内庁では、将来の皇室と日本の社会のありかたを構想することは、思ってもできないでしょう。

私たちの希望では、たとえば皇太子殿下には、やはり日本ばかりでなく、これだけ世界が混乱しているなかでダイアナ妃が最後になさったような、実際に困っている被害者を利害とかけ離れて支援したり助けたりすることをなさっていただきたいと思います。日本の皇室にとどまらず、世界のなかでそういった利害関係をもたない立場の方だからできる、いちばん大事な仕事ではないでしょうか。

2006年8月、オランダのアレクサンダー皇太子の案内で王室の馬車庫をご覧になる皇太子ご一家。

難民は移動する、テロは起こる、国境を越えてどんどん人が入ってきてその国のモラルまで変わっていく、現実に困っている人たちを助けるのは利害のある人ではなかなかできません。それをどうやって達成するか、政府の傘下にいたのでは、限界があります。

皇太子殿下が取り組まれている治水や水利用の問題も大事ですが、もっと純粋な目で人を助けようとなさらないと存在価値がなくなります。そして、それを応援するのは、政府ではなくてやはり国民でなくてはだめだと思います。

私の個人的な経験ですが、去年もひとりでロシアに行ってきました。ツアーにも入らず、チケットを購入して行くのでたいへんなのですが、まったくのひとりで旅をしたおかげで、ロシア人は言われるほど変な国民ではないことを経験できました。みんな優しく親切で、好意的に人を助けようとする気持ちが強い。好意に支えられて、ようやく帰ってこられたようなわけです。

ただ頭のなかで考えるだけでいろいろなことを言う人が多いですが、そうした人の話を聞いているだけでなく、実際にそこに住んでいる人間は何を考え、どうしているのかを確認してこないとだめだと思うんです。

これからの皇太子は、バックアップがあれば、世界が直面する大きな課題を解決できると思うんです。ただこれはバックアップが絶対に必要です。

天皇家の継承問題

原則は第一子への継承

天皇家の継承については、世襲制度をつくって長いこと日本の象徴というかたちでいらしたわけですから、私は、あまりいろいろな配慮をしないほうがいいと思うんです。中身はどうあろうが、第一子が繋《つな》がっていくことが大前提になります。そうでないと、あの人がよさそうだから皇位を継承させようとか、勝手な意見が出て、恣《し》意《い》的になってしまう可能性があります。

第一子に世襲するのが、皇室問題については、やはりいちばん大事なことだと思います。いまの世の中は男女差別をしない世の中になっていますから、たとえ女性であっても第一子、第一子の第一子を柱に立てて進めていかないと、混乱が生じ、恣意的になり、発言に責任がなくなってくるでしょう。私は、陛下のお気持ちもそうではないかと思っています。

世襲制度というのは、能力ではありません。人のもっている力ではなく、先に生まれて先に育ってきたことの大切さを優先しているのだと思います。会議でも検討されていますが、どこまでそれが理解されているのか不明です。これはずっと続く問題なので、自分たちにとっていちばん都合のいい方向に進めていくのでは問題が生じます。

学者の方々が心配している問題は、「男系」とか「女系」とかにこだわるから、よけいわからなくなるのであって、女性であろうが男性であろうが第一子を据えていく、それを曲げると一般の国民とは異なる、世襲による組織が壊れてしまうと私は思います。

自由恋愛の時代、皇室にふさわしいお相手とは

お妃《きさき》選びは、好きだとか嫌いだとかの問題ではないんです。皇太子はだれとも結婚できないと思ったので、雅子様が合意してくれたことをものすごく喜びました。マスコミの加熱する報道で行動できず、自分はこのまま一生独身かと思っていましたから、見かけも立派なお嬢様が承諾したことに対して大感激をされたわけです。

このとき、皇太子と雅子様の結婚を後押ししたのが宮澤喜一《みやざわきいち》です。宮澤喜一は、皇太子にお嫁さんがこないとなると日本の課題だと考え、外務省をつうじて小和田大使を動かしました。

宮澤喜一は優秀ですが、あまり結果を考えずにことを運びます。平成四年（一九九二）、日中

国交正常化二〇周年として、天安門事件直後の中国への両陛下の訪問を計画したのも宮澤喜一でした。

おもしろいことに、宮澤喜一と秋篠宮様の結婚観は正反対です。宮澤喜一は、皇室は日本における組織の基になるものだから、結婚に対する考えかたがしっかりしていないと困るという考えで、そこは正しいでしょう。

秋篠宮様は、人間は社会的な地位とは関係ない、人と人が合意して好きになればどんな職業であろうがどんな環境であろうが、結婚するのが当たり前だと言っています。

秋篠宮家が皇室外の存在であればいいのですが、皇室内の人間としてはもう少し思慮が必要でしょう。陛下の皇女として育った紀宮《のりのみや》様は、秋篠宮の学友だった黒田慶樹《くろだよしき》さんと知り合い、ご結婚なさいました。いくら人柄がいいといっても、都庁の職員をいきなり天皇の娘と結婚させるのなら、あとの生活への配慮も必要だろうと私は思います。

妹に都庁の職員を紹介した秋篠宮様ご自身がお相手に選ばれたのは、学習院大学の先生のお嬢さんです。川嶋辰彦《かわしまたつひこ》教授は社会的なことを気になさらない先生で、孫にあたる眞子《まこ》様のご結婚についても、何も心配していません。秋篠宮様を評価する方々もいますが、皇室を繋げていく点では、少し心配です。

小和田雅子さんは、いまいろいろと言われていますが、外交官のお嬢さんで、自分も外交の経

2009年9月、船から降りる悠仁様を心配そうに見守る天皇皇后両陛下。神奈川県葉山町にて。

歴を積もうと思った方です。雅子様には一、二回しかお目にかかっていませんが、ご病気もまわりが仕向けてしまった感がないでもありません。週刊誌がつくった話も多いでしょうし、皇室の環境が変われば元気になるかもしれません。

皇太子殿下と雅子様の結婚は最高だったと思いますが、両陛下はずいぶんご苦労なさいました。お二人が偉かったのは、息子のことよりも相手のお嬢さんの人権、マスコミに出ることでご家族がどれくらい迷惑するかといったことへの配慮です。美智子皇后はご自身で直接体験されていましたから。

正田美智子さんは、当時の皇太子自身がどうしてもといって選んだお相手で、小泉信三さんたちの目から見ても、ご両親やお育ちの環境から考えて、もっとも理想に近いと思われたのです。そのときに情報がいちばん漏れやすいと警戒したのが警察です。いまの皇太子の結婚のときとは時代もメディアの数も違いましたが、小泉信三さんはそこまで慎重に注意を払っていました。皇室にふさわしいお妃選びはますます難しくなるでしょう。

内親王のご結婚と皇室の未来

眞子《まこ》内親王のご結婚についても、皇室にとどまっていただけると考えるのであれば、少し配慮がほしかったと思います。眞子様が結婚されて皇室の外に出る立場になることは、自然ななりゆきではないかと思いますし、お相手もビジネスマンとしては優秀なようですが、将来どうなるかはわかりません。

いまの皇室典範では、将来的に悠仁親王が皇位を継承されます。秋篠宮と皇太子の関係が悪くなるのではないかと心配する向きもありますが、皇太子はそんな小さいことは考えないと思います。関係が悪くなることもないでしょう。ただ、悠仁親王がどう育つか心配です。皇族男子の不足が表面化するなか、男系男子だけを尊重する皇室観に、私は違和感を感じています。

陛下が考えている皇室をどうやって成立させていくかを考えると、私の想像では、カギを握るのは愛子《あいこ》様です。

人間的な能力や性格も大切でしょうが、世襲制である以上、第一子優先が原則です。そこから先をカバーするのは、周囲であり国民です。人間が結婚して皇室をつくることに違いはありませんが、これは能力とか社会性とかとは無関係です。世襲というのはそういうものでしょう。世襲制の企業が消えていくなか、唯一の世襲制度として特殊な仕組みをつくるとすれば皇室しかありません。

世襲にはいい面もあります。皇室は、俗的な経済性とかを考えずに繋がってきました。

皇室は、企業とは異なる日本で唯一の組織です。周囲が世襲で成り立つようにしてあげなければ

2015年1月1日、「新年祝賀の儀」に臨まれる秋篠宮妃紀子様、眞子様、佳子様と、皇族方。

ばいけません。

長い歴史を見れば、皇位の継承は正当でない、ずいぶんひどいやりかたもあったわけです。男女平等となったいまは、男系男子にこだわる必要にあまり意味を感じません。

有識者会議や、ヒアリングした歴史学者の方々は、焦点を勘違いしているのではないでしょうか。いまの天皇や皇后が努力して考えてきた皇室は、「男系」や「女系」を問題にしているのではありません。時代は変わり、国家は変わり、世界は変わり、日本は戦争に負けて新しい国家になったわけです。そのときの皇室のありかた、平和や世界のためになる皇室は何をするべきかを考えたのが小泉信三なのです。

敗戦とともに消えた旧宮家

同じ兄弟でも、家系の重さを感じるのはやはり長男です。旧華族の長男を集めた霞《かすみ》会館でも、長男が早く死ぬと次男に譲られますが、どこか違います。愚かな長男であっても、自分の家をなんとかしなければならない思いは強いものです。

霞会館は旧華族の長男を集めて続いていますが、いまの理事長の北白川道久《きたしらかわみちひさ》さんや、大きくなるまで宮様だった前の久邇《くに》邦昭《くにあき》さんは、やるべきことを謙虚に知っていますが、ほかの方は名前が宮様でも、やるべきことを理解されていません。

旧華族の人たちも、ひと時代前とは変わりました。私は、霞会館の方々にも、「あなたがたは何をしているのか、皇室の藩屏《はんぺい》と言いながら、いま、動かなかったらなんの役に立つんですか」と言っているんです。わかったふりはしてるけど、今回の退位の件でここまで陛下が苦労しているのに、霞会館も学習院も役に立っていません。

霞会館は学習院出身よりも慶應のほうが多いんです。塾長だった小泉さんの影響かどうかはわかりませんが、今度の件でも慶應出身の会員は、問題をわかっています。わかっているのにみんな遠慮しています。

霞会館の会員も、動いてはまずいと思っているのかもしれません。ただ、ほかのこと、結婚の問題などはどうでもいいのですが、いまの天皇陛下を中心に皇室のありかたが変わってしまう恐れがあるのに、それに対しても口を出しません。わざと出さないんです。遠慮が先に立ち、話しにくいのもあるでしょうが、危機感がありません。わかっているのだとは思いますが、危機を乗り越える気持ちがないんです。

戦後、皇太子傅育官《ふいくかん》としていまの陛下を育てられた戸田康英《とだやすひで》東宮侍従長は、皇太子が怪我してもどうということはないと、自由に怖がらずに陛下に馬でもなんでもやらせました。戸田さんが生きていたらどう思われるでしょうか。

以前、日本会議に乗り込んでいって、当時の会長の三好達《みよしとおる》さん、最高裁の長官を務められた立派な方ですが、この方とずいぶん議論をしたことがあります。

私は小泉信三さん仕込みかもしれないけど、ある時点で日本は負けたんだ、負けていろいろなものを失った、それは仕方がないにしても、宮家というのは明治天皇以降の世代で急にふえたものです。ほとんどが職業軍人におなりになって、明治以降の日本が行った戦争にある意味では非常に大きな影響力を与え、軍拡が進んでいきました。

ご本人たちが意識しないまでも利用されたりして、男の宮様がたくさんいることが、国家の幸せにとって果たしてどうなのかと思っているわけです。

旧宮家などというものは、戦争の敗戦とともにすでになくなったものですから、いまごろになって復活しようとしてもなんの意味もありません。国民は尊敬しないし、私は実際の人物をみな知っていますけれども、だめだと思います。

そういう切り替えをピシッとしたのが小泉信三であって、それをまた蒸し返すような話はまったく意味がないし、現実の皇室に在籍する方も喜ばないだろうし、意味を感じないだろうと思い、旧宮家を考えるのはおやめになったらどうですかと、三好さんにはさんざん言いました。

皇族は少ないほうがいい

私は皇族はなるべく少ないほうがいいと思います。

それで皇室の仕事が減殺《げんさい》されるという言い方を、みなさんなさるけど、減ったって別に問題ないのではないかと思います。

数が減ることに対してみなさん心配なさいますが、僕は変な人がなるよりは数が少ないほうが天皇になる皇太子様は助かるのではないかと思っています。

拝見していますと、女性皇族になりそうなメンバーはかなりいます。昔の職業軍人だった宮様とあまり変わらないわけです。それが女性に変わっただけで、よほど意識をおもちになってそれなりに育った方でないと、皇室の繁栄には役に立たないでしょう。

みなさん、数が足りないと心配なさいますが、数は何かといったら、たとえば園遊会ひとつにしても、皇室の方々が自分で選んでお呼びになるわけではなく、招待者リストは各省庁が握っているわけです。

数が足りないためにできない仕事はそれほどないでしょうし、無理してふやすとかえって質の低下につながって、国民から信頼を受けなくなる気がします。

日本の皇室は、政治と離れた立場で、紛争の多い世界のなかで力を発揮することができます。

激動する時代のなか、平和を守るのはますます難しくなると思います。距離が詰まれば詰まるほど、科学が発達すれば発達するほど、何かことがおこったら収拾がつかなくなる世の中です。オバマ大統領のように、忍耐と我慢で平和を維持することが大事ではないでしょうか。

それには僕が言うのはおかしいですが、安倍さんや麻生さんのように政治家の家に育った方ではなく、ご自身が人間として苦労していまの立場を築かれた方でないと本当はわからないのではないかという気がします。

皇室はいかにあるべきか

皇室の歴史と機能

たいへん難しい問題になりますが、私は法学者でも歴史の勉強をしたわけでもありません。ただ陛下とお目にかかっていた時間が長いものですから、ご本人がどういうふうに考えていらっしゃるかは、なんとなくわかります。

そういう見地から言いますと、議会制民主主義のもと、憲法では国民が第一義的な存在で国家が成り立っていますが、それだけがすべてではありません。歴史を見ても、議会制民主主義で活躍なさる政治家は期間が限られています。

ところが世襲制度で皇室が存在する意味は、もうちょっとスパンが長くなります。政権と違った存在として何をなされるか、それが国民にとってどういう幸せをもたらせるかが、政権と皇室ではだいぶ異なると思うんです。

だから世襲制度で続いていく皇室は、短期的に変わる政権とはまったく立場が違うのは当然だと思います。そういう存在が日本という国家にとって、あるいは平和を望む人たちにとってなぜ必要か、なぜ皇室があることが子孫にとって有益になるかをよく考えていかないと、政権と同じような存在になってしまいます。

お歳を召されたからリタイアなさってつぎの世代に渡す、人間の存在よりもそういうシステムで日本という国が何を守れるかが最大のテーマだと思います。皇室が世襲制度でなく、政権と同じ寿命であれば、政治の世界と変わりません。

そこを賢明な日本人がどう選択していくかが、いちばん重要です。そのあたりを苦労して追求されてきたのが、いまの両陛下ですから、両陛下が念頭に置いていらっしゃる活動を、どう評価してどう引き継いでいくのか、これをだれかが考えてあげないとだめだと思います。

いまの宮内庁だけではそれは難しいでしょう。実際にだれがどうするのか、いまのシステムではなかなか難しい課題ですが、そのあたりはもちろん政治家が考えないとなりません。この問題を深く考えてどうするかは、現段階では国民を代表する政治家がやらざるをえないでしょう。

とはいえ、たいへん恵まれた環境で票集めにも苦労されない政治家たちには、そこまでは考えられないと思うんです。たとえば、同じ自民党でも石破茂さんがトップであれば、少しは違うことを考えたのではないでしょうか。苦労して今日のポジションを築いた方のほうが、本当はわかっていただけるのではないかという気がします。

皇室問題というと、何か皇室とご縁のある方が正しい見識をおもちだと錯覚しますけれども、本当は皇室の当事者も、ひとりの人間であり、ご家庭があるわけですから、どういうふうに機能していくか、冷《さ》めた目で見てくださる方が必要なんだと思います。

私は甘いかもしれませんが、いまのような政府主導の状況は変わると思います。やはり私たちみたいな個人ではなく、国家的にも力を発揮できる方が出てこないと、実現はできないでしょう。私はこの先ちょっと動くかなと思っているものですから、流れを変える力があるマスコミの方たちがそれに早く気づいて、頑張っていただきたいと思います。

いままでの日本の歴史をみても、明治以降は議会制民主主義を天皇が統帥するけれども、それはひとつの利用手段であって、実態はやはり議会制民主主義が続いてきたのでしょう。だけどいまと違うのは、枢密院《すうみついん》や元老《げんろう》というものが存在して、官邸があまり短期的な問題でぶれないように、ときどき注文をつけていたと思うんです。

山縣有朋《やまがたありとも》などは非常に評判が悪いですが、あの人がいた間は戦争がありませんでした。戦争に走りそうなことについては用心深くて、注文をつけていましたから、そういう存在は大きいと思います。

理想的に議会制民主主義だけで国政ができるかというと、私は疑問です。枢密院でも元老でも、短期的視野から離れた方々が機能して日本を多少コントロールしていく、そういう時代が結構続いたと思うんです。それがなくなってしまったところに、太平洋戦争が遭遇したのではないでしょうか。最終的には昭和天皇がその機能をお果たしなったのですが、それは本来の象徴天皇というか、立憲君主の天皇の姿ではないと思います。

江戸時代には、思想家と言われる人たち、学者がいろいろと出ましたが、結果的に日本を不幸にしたところもあります。典型的なのが吉田松陰《よしだしょういん》だと私は思いますが、天皇をじかに戴《いただ》くことが日本を幸せにすると思って、明治維新に繋がったわけです。

だけど伝統的にみると、それは極端な理論で、最近の天皇がなさっているような、非常に謙虚な立場で平和をみんなで求めようという思想のほうが、安全で日本を幸せにする方法だと私は思います。

いかにして戦争をしないかが、いまの大きな課題ですが、戦争をなんとしはなしに防げるのは、短期的な政権ではなくて長期的にものが見られる皇室のような存在だと思うんです。

皇室のかたちをどうしたいのか

明治の初頭、日本が近代国家のかたちをつくるためには、やはり天皇制を柱にしなければまとまらないと、伊藤博文《いとうひろぶみ》は考えたのではないでしょうか。ヨーロッパは歴史が長いですから、かつての国王が権力を失《な》くして廃帝になって、ふつうのご家庭のなかで繋がれてきたのが、いまの王室だという感じがあると思います。

ですから、明治以降、もう少し軽い意味で皇室・天皇制が存在すれば、いま、両陛下が思っていらっしゃるような皇室になったと思います。

いまの政治家は、皇室が政治に利用されてしまった歴史を軽く考えすぎています。これからの世界に貢献できる皇室を考えると、宮内庁という組織が、時代の政権とはもう少し離れたかたちで存在し、力を持ってカバーしないといけないでしょう。いつも政権のほうばかり気にしているような宮内庁では、よほどの人物が担当しない限り、いまの皇太子がなさろうとしている活動に対してしっかりしたサポートはできません。

安倍政権は、皇室というか、日本を考えていません。長い目でもって、日本という国にとって、どういう皇室が存在し、どういう働きをすれば平和に対してサポートできるか、日本人の思いに対して反映する活動ができるか、そこが重要です。

変なかたちで残す皇室であれば、ないほうがいいんです。たとえば、天皇になる皇太子が、相当一生懸命に世界のために動かれれば、自然にまわりには支援する人たちがふえてくるでしょう。中心になる方が一生懸命努力なさって、活動に反映されれば、それに従う人がふえてくるでしょうし、その人たちが宮様でなくてもよいはずです。そのとき応援してあげられるかどうか、そこが日本人の力です。

私がいちばん嫌なのは、皇室のボリューム論です。要するに、何かすることに対しての支援体制ができないままに、ただボリュームの必要とか、あるいはだれかが決めた公務の維持のために皇室の中身を勝手に決めるのは論外です。

皇室問題の本質を理解していなかった有識者会議

私は、時間的には陛下といちばん長く過ごしましたので、お気持ちを察してはいますが、すべてを理解しているわけではありません。

陛下が真剣であり、真面目なご性格というのは、同級生もみな知っています。ちょっと細かすぎて、美智子様はお困りかもしれません。陛下が閉口されているのは、我々が思っていることとは違った歴史に対する認識を、有識者会議をはじめとする方たちがおっしゃることです。

皇室も一筋縄《ひとすじなわ》で続いてきたわけではありませんし、テレビや新聞がある時代、みんながいろいろなことを求め、それに応《こた》えるメディアがありますから、昔の天皇とは違います。人間が天皇をやって、何をしたらいちばん役に立つのか、実現しなければいけない苦しさがありますから、い

1969年10月、結婚10周年をお祝いする夕食会に訪れた天皇皇后両陛下をお迎えする、若き日の皇太子ご一家。東宮御所にて。

ろいろと難しくなっています。

戦後、皇室は開かれた皇室になりましたが、それはふつうの家族になったという意味ではありません。皇室はふつうの家族ではだめです。だからたいへんなんです。陛下がおっしゃっているのは、皇太子とうまくいっていないと勝手に書かれるけど、それは事実ではなく、天皇と皇太子は距離を置かざるを得ない、距離を置くことが自分たちの責任であるという考えかたです。

週刊誌でよく見られるのは、皇太子と陛下は距離があってなかなか会う機会が少ない、とくに雅子さまとご一緒になってからは嫌っているというような記事です。そうした事実も多少はあるかもしれませんが、天皇陛下と皇太子殿下は皇室の二つの柱です。それが頻繁に同じところにいらっしゃる、時間をともにするのは危険なんです。

陛下にもし何かあったら皇太子が代わりを務めなければいけないので、一緒には行動できません。いっぽうの秋篠宮様は天皇の後継の立場ではないので、比較的自由にご一緒になれます。

先日の皇后様からの電話でも、秋篠宮とも一緒に打毬《だきゅう》をする機会を設けてくださいといった話が出ました。新しい天皇になる皇太子は、陛下が退位されても一緒に過ごせないんです。ご家族として昔のように何かするときに、秋篠宮家は同席できますが、天皇になる皇太子はできません。秋篠宮様と同じ飛行機でどこかに行くことはできても皇太子とは絶対にできない、それはどこの国家でも同じです。

陛下がそういう考えかたの人だから、近くにお住まいになっても、有識者会議が心配しているような権力の二重性などはあり得ません。有識者会議は、皇室の問題の本質を理解していなかったわけです。

陛下が非常に不本意に思われているのが、自分が歳を取ってできないから勝手に退位して息子にやってもらうと解釈されてしまったことでしょう。そんな簡単な話ではないんです。

国家として、日本の国としてどうしたらいちばん安全か、本来の姿で推移できるかをわかって欲しいものです。皇統の歴史にくわしい人ほど過去にあった弊害を必要以上に心配しますが、それはいまの時代とは距離がありすぎるのではないかと思っています。

巻末資料

資料1　今上天皇の歩み

（吉田信弥『天皇への道』より作成）＊印は、天皇以外の事項

I　明仁親王の戦争体験

誕生から学習院初等科入学まで

西暦	和暦	月	日	満	事項
1933	昭和8	12	23	0	宮城・奥宮殿で誕生
			29		「継宮明仁」と命名
1936	11	4	10	2	＊皇后宮職に東宮傅育官を置く
1937	12	3	29	3	赤坂離宮東宮仮御所に移る
		11	28		一歳上の女子学習院付属幼稚園児と遊びはじめる
1938	13	4		4	同い年の幼稚園児と遊びはじめる
		5	5		着袴の儀

初等科入学、そして疎開

西暦	和暦	月	日	満	事項
1940	15	4	8	6	学習院初等科入学
1942	17	4		8	乗馬始め
1943	18	7	19	9	学習院沼津遊泳場で水泳の指導を受ける
		11	22		学習院の出陣学徒壮行式に列席

Ⅱ 象徴の時代の皇太子

	西暦	昭和	月	日	年齢	事項
	1944	19	3	23	10	千葉県・下総御料牧場で乗馬の集中練習
			5	12		学習院沼津遊泳場に疎開
			7	10		日光・田母沢御用邸に疎開
	1945	20	5	25	11	＊東宮仮御所、空襲で焼失
			7	21		奥日光・南間ホテルに疎開
			8	10		＊東宮職設置される
戦争終結			8	15		奥日光・南間ホテルで終戦の放送を聞く
			11	7		帰京、赤坂離宮に入る
			11	8		宮城・吹上御苑を訪問（花蔭亭で三泊）
中等科入学とヴァイニング夫人来日	1946	21	3	20	12	学習院初等科を卒業
			4	15		学習院中等科に入学
			5	22		小金井の仮寓所に移る
			10	15		＊皇太子の家庭教師ヴァイニング夫人来日
	1947	22	5	4	13	新憲法施行記念第一回都民体育大会に出席
（テニスはじめ）			10	16		石井小一郎からテニスの指導を受けはじめる
	1948	23	6	5	14	＊田島道治、宮内府長官に就任
			8	上旬		沼津で七キロ遠泳
			12	4		盲腸炎になり宮内府病院で手術

Ⅱ 象徴の時代の皇太子

西暦	和暦	月	日	満	事項	
1949	昭和24	2	26	15	＊小泉信三、東宮教育常時参与に就任	（小泉信三の教育参与就任）
		3	26		学習院中等科を卒業	
		4	18		学習院高等科に進学	高等科進学
		6	27		連合軍最高司令官マッカーサー元帥を訪問	（マッカーサー訪問）
		12	28	16	＊小金井の仮寓所、火事で焼失	
1950	25	1	2		長野県の志賀高原でスキーの指導を受ける	（スキーはじめ）
		2	18		渋谷区常磐松の東宮仮御所に移る	
		10			高等科馬術部主将になる	（馬術部主将）
		12	4		＊ヴァイニング夫人横浜から帰国の途につく	（ヴァイニング夫人の帰国）
1951	26	4	25	17	目白の学習院清明寮に入る	（清明寮）（銀ブラ事件）
		12	23	18	成年に達する	
1952	27	4	21		学習院大学政経学部政治学科に入学	（学習院大学入学）
		11	10		成年式・立太子の礼	成年式・立太子礼
1953	28	3	30	19	欧米14ヵ国訪問のため横浜港出発	
		6	2		英女王エリザベス2世の戴冠式に参列	（エリザベス女王戴冠式参列）
		10	12		帰国	
1954	29	2	2	20	学習院大学を中退し聴講生になることが決定	（学習院大学中退）

III
親善外交の時代

（自動車免許取得）			3	16		自動車運転免許証取得
	1956	31	3	26	22	学習院大での聴講修了、卒業式で来賓としてあいさつ
	1957	32	4		23	日本赤十字社名誉副総裁に就任
			8	19		軽井沢で正田美智子とテニスの出会い
	1958	33	5	24	24	アジア競技大会総裁として選手団の敬礼を受ける
			11	27		皇室会議で正田美智子との婚約決定
ご成婚	1959	34	4	10	25	結婚の儀
	1960	35	2	23	26	第1皇男子、浩宮徳仁親王（現・皇太子）誕生
			6	18		赤坂に新築の東宮御所に入る
諸国歴訪			9	22		日米修好百年を記念して米国訪問（～10・7）
			11	12		イラン、エチオピア、ネパール、インド訪問（～12・9）
	1962	37	1	22	28	パキスタン、インドネシア訪問（～2・10）
			11	5		フィリピン訪問（～11・10）
（ハゼの研究）	1963	38	12	15	29	ハゼの研究で初の論文発表
	1964	39	5	10	30	メキシコ訪問（～5・17）

Ⅲ
親善外交の時代

西暦	和暦	月	日	満	事項	
		10	10	30	東京オリンピック開会式に出席	（東京オリンピック）
		11	8		パラリンピック東京大会に名誉総裁として出席	（パラリンピック）
		12	14		タイ訪問（〜12・21）	
1965	昭和40	11	30	31	第2皇男子、礼宮文仁親王（現・秋篠宮）誕生	
1967	42	5	9	33	ペルー、アルゼンチン、ブラジル訪問（〜5・31）	
1968	43	3	15	34	日本万国博名誉総裁に就任	
1969	44	4	18	35	第1皇女子、紀宮清子内親王誕生	
1970	45	2	19	36	マレーシア、シンガポール訪問（〜2・28）	
		3	14		大阪での日本万国博開会式に名誉総裁として出席	（万国博覧会）
1971	46	6	3	37	アフガニスタン訪問（〜6・12）	
		9	27		昭和天皇の訪欧で国事行為臨時代行になる	（国事行為臨時代行）
1973	48	5	6	39	オーストラリア、ニュージーランド訪問（〜5・23）	
		10	11		スペイン、ベルギー訪問（〜10・22）	

西暦	昭和	月	日	年齢	事項	社会
1975	50	2	20	41	国王戴冠式参列のためネパール訪問（～2・28）	
		7	17		沖縄国際海洋博名誉総裁として開会式出席のため沖縄を訪問、ひめゆりの塔で火炎瓶を投げつけられる	（沖縄国際海洋博）（ひめゆりの塔の火炎瓶事件）
		9	30		昭和天皇の訪米で国事行為臨時代行になる	
1976	51	6	8	42	ヨルダン、ユーゴスラビア、英国訪問（～6・25）	
1977	52	9	16	43	大分での第1回全国育樹祭に出席	
1978	53	6	12	44	ブラジル、パラグアイ訪問（～6・27）	
1979	54	10	5	45	ルーマニア、ブルガリア、オランダ訪問（～10・14）	
1980	55			46	ロンドン・リンネ協会の外国会員に選ばれる	
1981	56	2	27	47	サウジアラビア、スリランカ訪問（～3・7）	
		7	26		チャールズ皇太子結婚式参列のため英国訪問（～8・2）	
1982	57	8	15	48	風邪の昭和天皇に代わり全国戦没者追悼式に出席	（国際科学万国博）

Ⅲ
親善外交の時代

（沖縄国体）

西暦	和暦	月	日	満	事項
1983	昭和58	3	10	49	ザンビア、タンザニア、ケニア訪問（〜3・25）
1984	59	2	25	50	ザイール、セネガル訪問（〜3・8）
		11	30		ハゼ類について分担執筆した日本産魚類大図鑑刊行
1985	60	2	23	51	スペイン、アイルランド訪問（〜3・9）
		3	16		筑波の国際科学万国博開会式に名誉総裁として出席
		3	31		日本魚類学会でハゼについての初の研究発表
		6	1		スウェーデン、デンマーク、ノルウェー、フィンランド訪問（〜6・15）
1986	61			52	ロンドン・リンネ協会の名誉会員になる
		12	23	53	歌集「ともしび」出版
1987	62	9	12		皇室会議議員に就任
		9	22		昭和天皇の入院で国事行為臨時代行になる
		10	3		アメリカ訪問（〜10・10）
		10	25		昭和天皇の名代として沖縄国体開会式出席

Ⅳ 象徴天皇として

（皇位継承問題）

1988	63	9	22	54	昭和天皇病状悪化で、国事行為を全面委任される
1989	64	1	7	55	昭和天皇崩御。第125代天皇に即位
	平成1	1	9		即位後朝見の儀
		8	4		即位後初の記者会見
1990	2	5	24	56	来日した盧韓国大統領に「痛惜の念」表明
		6	29		＊礼宮結婚、秋篠宮家創立
		11	12		宮殿で即位の礼
		11	23		皇居・東御苑で大嘗祭
1991	3	2	23	57	＊皇太子徳仁親王が立太子の礼
		9	26		タイ、マレーシア、インドネシア訪問（〜10・6）
1992	4	10	23	58	中国を訪問（〜10・28）
1993	5	4	23	59	全国植樹祭のため沖縄県を訪問
		6	9		＊皇太子徳仁親王、結婚
		8	6		ボードワン国王の葬儀参列のためベルギー訪問（〜8・9）
		9	3		イタリア、ベルギー、ドイツ訪問（〜9・19）

IV 象徴天皇として

西暦	和暦	月	日	満	事項	
		12	8		皇居に完成した御所に入る	
1994	平成6	2	12	60	硫黄島、父島、母島を視察、戦没者を慰霊（～2・14）	（戦跡慰問）
		6	10		アメリカ訪問（～6・26）	
		10	2		フランス、スペイン訪問（～10・14）	
1995	7	7	26	61	戦後50年を機に長崎、広島（～7・27）、沖縄（8・2）を訪問	（戦後50年の訪問）
		8	3		東京都慰霊堂で戦没者を慰霊	
1997	9	5	30	63	ブラジル、アルゼンチン訪問（～6・13）	
1998	10	5	23	64	イギリス、デンマーク訪問（～6・5）	
		5	28		ハゼ科魚類の研究に対し英国王立協会から「チャールズ2世メダル」を授与される	
2000	12	5	20	66	オランダ、スウェーデン訪問（～6・1）	
		6	16		＊皇太后崩御、香淳皇后と追号される	
2001	13	12	1	67	＊皇太子の第1皇女子敬宮愛子内親王誕生	（女帝問題）
2002	14	7	6	68	ポーランド、ハンガリー訪問（～7・20）	
2005	17	5	7	71	ノルウェー訪問（～5・14）	

			6	27		戦没者慰霊のためサイパン島訪問
			11	15		＊紀宮清子内親王結婚、皇籍を離れる
	2006	18	6	8	72	シンガポール、タイ訪問（〜6・15）
			9	6		＊秋篠宮の第1男子悠仁親王誕生
	2007	19	5	21	73	スウェーデン、エストニア、ラトビア、リトアニア、イギリス訪問（〜5・30）、ロンドン・リンネ協会で「リンネと日本分類学」の基調講演（5・29）
	2009	21	7	3	75	カナダ、米国ハワイ訪問（〜7・17）
（心臓手術）	2012	24	2	18	78	東大病院で心臓の冠動脈バイパス手術
			5	16		エリザベス女王即位60年記念午餐会出席のためイギリス訪問（〜5・20）
	2013	25	11	30	79	インド訪問（〜12・6）
	2015	27	4	9	81	戦没者慰霊のためパラオ・ペリリュー島訪問
（2016・8・8 退位のメッセージ）	2016	28	1	26	82	フィリピン訪問、同国の無名戦士の墓と日本人戦没者を悼む比島戦没者の碑に供花（〜1・30）

資料2　日本国憲法の天皇関係条文

【日本国憲法】

第一章　天皇

第一条〔天皇の地位と主権在民〕天皇は、日本国の象徴であり日本国民統合の象徴であつて、この地位は、主権の存する日本国民の総意に基く。

第二条〔皇位の世襲〕皇位は、世襲のものであつて、国会の議決した皇室典範の定めるところにより、これを継承する。

第三条〔内閣の助言と承認及び責任〕天皇の国事に関するすべての行為には、内閣の助言と承認を必要とし、内閣が、その責任を負ふ。

第四条〔天皇の権能と権能行使の委任〕天皇は、この憲法の定める国事に関する行為のみを行ひ、国政に関する権能を有しない。

②　天皇は、法律の定めるところにより、その国事に関する行為を委任することがで

きる。

第五条〔摂政〕皇室典範の定めるところにより摂政を置くときは、摂政は、天皇の名でその国事に関する行為を行ふ。この場合には、前条第一項の規定を準用する。

第六条〔天皇の任命行為〕天皇は、国会の指名に基いて、内閣総理大臣を任命する。

② 天皇は、内閣の指名に基いて、最高裁判所の長たる裁判官を任命する。

第七条〔天皇の国事行為〕天皇は、内閣の助言と承認により、国民のために、左の国事に関する行為を行ふ。

一 憲法改正、法律、政令及び条約を公布すること。

二 国会を召集すること。

三 衆議院を解散すること。

四 国会議員の総選挙の施行を公示すること。

五 国務大臣及び法律の定めるその他の官吏の任免並びに全権委任状及び大使及び公使の信任状を認証すること。

六 大赦、特赦、減刑、刑の執行の免除及び復権を認証すること。

七 栄典を授与すること。

八 批准書及び法律の定めるその他の外交文書を認証すること。

九　外国の大使及び公使を接受すること。
十　儀式を行ふこと。

第八条〔財産授受の制限〕皇室に財産を譲り渡し、又は皇室が、財産を譲り受け、若しくは賜与することは、国会の議決に基かなければならない。

第三章　国民の権利及び義務

第一四条〔平等原則、貴族制度の否認及び栄典の限界〕すべて国民は、法の下に平等であつて、人種、信条、性別、社会的身分又は門地により、政治的、経済的又は社会的関係において、差別されない。
②　華族その他の貴族の制度は、これを認めない。
③　栄誉、勲章その他の栄典の授与は、いかなる特権も伴はない。栄典の授与は、現にこれを有し、又は将来これを受ける者の一代に限り、その効力を有する。

資料3　皇室典範（昭和二十二年一月十六日法律第三号）

第一章　皇位継承

第一条　皇位は、皇統に属する男系の男子が、これを継承する。

第二条　皇位は、左の順序により、皇族に、これを伝える。

一　皇長子
二　皇長孫
三　その他の皇長子の子孫
四　皇次子及びその子孫
五　その他の皇子孫
六　皇兄弟及びその子孫
七　皇伯叔父及びその子孫

②　前項各号の皇族がないときは、皇位は、それ以上で、最近親の系統の皇族に、こ

れを伝える。
③ 前二項の場合においては、長系を先にし、同等内では、長を先にする。
第三条 皇嗣に、精神若しくは身体の不治の重患があり、又は重大な事故があるときは、皇室会議の議により、前条に定める順序に従つて、皇位継承の順序を変えることができる。
第四条 天皇が崩じたときは、皇嗣が、直ちに即位する。

第二章 皇族

第五条 皇后、太皇太后、皇太后、親王、親王妃、内親王、王、王妃及び女王を皇族とする。
第六条 嫡出の皇子及び嫡男系嫡出の皇孫は、男を親王、女を内親王とし、三世以下の嫡男系嫡出の子孫は、男を王、女を女王とする。
第七条 王が皇位を継承したときは、その兄弟姉妹たる王及び女王は、特にこれを親王及び内親王とする。
第八条 皇嗣たる皇子を皇太子という。皇太子のないときは、皇嗣たる皇孫を皇太孫という。
第九条 天皇及び皇族は、養子をすることができない。
第十条 立后及び皇族男子の婚姻は、皇室会議の議を経ることを要する。
第十一条 年齢十五年以上の内親王、王及び女王は、その意思に基き、皇室会議の議により、皇族の身分を離れる。

② 親王（皇太子及び皇太孫を除く。）、内親王、王及び女王は、前項の場合の外、やむを得ない特別の事由があるときは、皇室会議の議により、皇族の身分を離れる。

第十二条 皇族女子は、天皇及び皇族以外の者と婚姻したときは、皇族の身分を離れる。

第十三条 皇族の身分を離れる親王又は王の妃並びに直系卑属及びその妃は、他の皇族と婚姻した女子及びその直系卑属を除き、同時に皇族の身分を離れる。但し、直系卑属及びその妃については、皇室会議の議により、皇族の身分を離れないものとすることができる。

第十四条 皇族以外の女子で親王妃又は王妃となつた者が、その夫を失つたときは、その意思により、皇族の身分を離れることができる。

② 前項の者が、その夫を失つたときは、同項による場合の外、やむを得ない特別の事由があるときは、皇室会議の議により、皇族の身分を離れる。

③ 第一項の者は、離婚したときは、皇族の身分を離れる。

④ 第一項及び前項の規定は、前条の他の皇族と婚姻した女子に、これを準用する。

第十五条 皇族以外の者及びその子孫は、女子が皇后となる場合及び皇族男子と婚姻する場合を除いては、皇族となることがない。

第三章　摂政

第十六条　天皇が成年に達しないときは、摂政を置く。

② 天皇が、精神若しくは身体の重患又は重大な事故により、国事に関する行為をみずからすることができないときは、皇室会議の議により、摂政を置く。

第十七条　摂政は、左の順序により、成年に達した皇族が、これに就任する。

一　皇太子又は皇太孫

二　親王及び王

三　皇后

四　皇太后

五　太皇太后

六　内親王及び女王

② 前項第二号の場合においては、皇位継承の順序に従い、同項第六号の場合においては、皇位継承の順序に準ずる。

第十八条　摂政又は摂政となる順位にあたる者に、精神若しくは身体の重患があり、又は重大な事故があるときは、皇室会議の議により、前条に定める順序に従つて、摂政又は摂政となる順序を変えることができる。

第十九条　摂政となる順位にあたる者が、成年に達しないため、又は前条の故障があるために、他の皇族が、摂政となつたときは、先順位にあたつていた皇族が、成年に達し、又は故障がなくなつたときでも、皇太子又は皇太孫に対する場合を除いては、摂政の任を譲ることがない。

第二十条　第十六条第二項の故障がなくなつたときは、皇室会議の議により、摂政を廃する。

第二十一条　摂政は、その在任中、訴追されない。但し、これがため、訴追の権利は、害されない。

第四章　成年、敬称、即位の礼、大喪の礼、皇統譜及び陵墓

第二十二条　天皇、皇太子及び皇太孫の成年は、十八年とする。

第二十三条　天皇、皇后、太皇太后及び皇太后の敬称は、陛下とする。

②　前項の皇族以外の皇族の敬称は、殿下とする。

第二十四条　皇位の継承があつたときは、即位の礼を行う。

第二十五条　天皇が崩じたときは、大喪の礼を行う。

第二十六条　天皇及び皇族の身分に関する事項は、これを皇統譜に登録する。
第二十七条　天皇、皇后、太皇太后及び皇太后を葬る所を陵、その他の皇族を葬る所を墓とし、陵及び墓に関する事項は、これを陵籍及び墓籍に登録する。

第五章　皇室会議

第二十八条　皇室会議は、議員十人でこれを組織する。
②　議員は、皇族二人、衆議院及び参議院の議長及び副議長、内閣総理大臣、宮内庁の長並びに最高裁判所の長たる裁判官及びその他の裁判官一人を以て、これに充てる。
③　議員となる皇族及び最高裁判所の長たる裁判官以外の裁判官は、各々成年に達した皇族又は最高裁判所の長たる裁判官以外の裁判官の互選による。
第二十九条　内閣総理大臣たる議員は、皇室会議の議長となる。
第三十条　皇室会議に、予備議員十人を置く。
②　皇族及び最高裁判所の裁判官たる議員の予備議員については、第二十八条第三項の規定を準用する。
③　衆議院及び参議院の議長及び副議長たる議員の予備議員は、各々衆議院及び参

議院の議員の互選による。
④ 前二項の予備議員の員数は、各々その議員の員数と同数とし、その職務を行う順序は、互選の際、これを定める。
⑤ 内閣総理大臣たる議員の予備議員は、内閣法の規定により臨時に内閣総理大臣の職務を行う者として指定された国務大臣を以て、これに充てる。
⑥ 宮内庁の長たる議員の予備議員は、内閣総理大臣の指定する宮内庁の官吏を以て、これに充てる。
⑦ 議員に事故のあるとき、又は議員が欠けたときは、その予備議員が、その職務を行う。

第三十一条　第二十八条及び前条において、衆議院の議長、副議長又は議員とあるのは、衆議院が解散されたときは、後任者の定まるまでは、各々解散の際衆議院の議長、副議長又は議員であつた者とする。

第三十二条　皇族及び最高裁判所の長たる裁判官以外の裁判官たる議員及び予備議員の任期は、四年とする。

第三十三条　皇室会議は、議長が、これを招集する。
② 皇室会議は、第三条、第十六条第二項、第十八条及び第二十条の場合には、

四人以上の議員の要求があるときは、これを招集することを要する。

第三十四条　皇室会議は、六人以上の議員の出席がなければ、議事を開き議決することができない。

第三十五条　皇室会議の議事は、第三条、第十六条第二項、第十八条及び第二十条の場合には、出席した議員の三分の二以上の多数でこれを決し、その他の場合には、過半数でこれを決する。

②　前項後段の場合において、可否同数のときは、議長の決するところによる。

第三十六条　議員は、自分の利害に特別の関係のある議事には、参与することができない。

第三十七条　皇室会議は、この法律及び他の法律に基く権限のみを行う。

附　則

1　この法律は、日本国憲法施行の日から、これを施行する。

2　現在の皇族は、この法律による皇族とし、第六条の規定の適用については、これを嫡男系嫡出の者とする。

3　現在の陵及び墓は、これを第二十七条の陵及び墓とする。

資料4　天皇皇后の活動（宮内庁ＨＰなどより作成）

国事行為

天皇は、内閣の助言と承認により、国民のために、憲法の定める国事に関する行為を行う。その中には、国会の指名に基づいて内閣総理大臣を任命すること、内閣の指名に基づいて最高裁判所長官を任命すること、国務大臣その他の官吏の任免を認証すること、国会を召集すること、法律や条約を公布すること、栄典を授与すること、大使の信任状を認証すること、外国の大公使を接受することなどが含まれる。これらの事項についての閣議決定の書類は、毎回、閣議の後に天皇の手元に届けられ、天皇は、これを丁寧に覧た上で、署名や押印をする。その数は、平成28年中で約一〇〇〇件。さらに、天皇は、これらの国事行為に関連して、国会開会式に毎回出席するほか、宮殿で行われる儀式に臨む。これらの儀式には、内閣総理大臣および最高裁判所長官の親任式、認証官任命式、外国特命全権大使の信任状捧呈式、勲章親授式などがある。

宮殿および御所においては、これらの儀式をはじめ、拝謁、会見、茶会、午餐、晩餐など、天皇皇后主催のさまざまな行事が、平成28年中に約二〇〇件行われた。これらの行事は、社会のさまざまな分野で地道な努力を続けている人々を励まし、顕著な功績を挙げた人々をねぎらうことを目的としたものが多く、その機会に、国会議員・閣僚・各省幹部・裁判官をはじめ法秩序維持に携わる人々、医師・看護師ほか医療・社会福祉関係者、勲章・文化勲章受章者、学士院賞・芸術院賞受賞者など各界各層の多数の人々と会う。また、宮殿では、国際親善を目的として、国賓のための公式晩餐や、その他外国要人、在京外国大使などのための引見、午餐も行われる。平成28年中に天皇皇后が会った外国からの賓客は王族、大統領等元首、首相、議会議長など五四人。外国からの大使の着任、離任の際には、その都度会い、その数はこの一年で五四か国にのぼる。

また、日本から外国に派遣される大使夫妻についても、赴任前と帰朝後に一人一人に会い、その数は平成28年に六四か国。その他外国元首との親書・親電の交換があり、親電の数は約五二〇件あった。

行幸啓

天皇皇后の東京都内での行幸啓は、毎年のものだけでも、全国戦没者追悼式、日本学士院授賞式、日本芸術院授賞式、日本国際賞授賞式、国際生物学賞授賞式などがある。皇后は、日本赤十字社名誉総裁として、全国赤十字大会とフローレンス・ナイチンゲール記章授与式（隔年）に出席している。

天皇皇后は、即位後一五年で、四七都道府県を全て訪ねた。毎年、全国植樹祭・国民体育大会・全国豊かな海づくり大会に出席のための三回の地方行幸啓があるほか、国際学会出席や地方事情視察のための行幸啓もある。その際には、常に、地元の福祉・文化・産業施設などを訪ね、関係者を激励する。特に、福祉関係施設については、これまでに全国で通算五〇〇か所以上を訪ねており、毎年、障害者週間の前後には、障害者のための施設を訪問している。なお、平成26年(二〇一四年)に天皇皇后がともに80歳を迎えられたことから、こどもの日および敬老の日にちなんだ福祉施設等への訪問は、平成27年(二〇一五年)以降は若い世代に譲っている。

平成10年(一九九八年)2月、天皇は「長野オリンピック冬季競技大会」の名誉総裁として皇后と一緒に同大会の開会式および閉会式に臨席、併せて競技を覧た。また、同年3月には一九九八年パラリンピック冬季競技大会を覧るため長野県へ行幸啓した。

被災地訪問

平成3年(一九九一年)の雲仙・普賢岳噴火、平成5年(一九九三年)の北海道南西沖地震、平成7年(一九九五年)の阪神・淡路大震災、平成16年(二〇〇四年)新潟県中越地震、平成19年(二〇〇七年)新潟県中越沖地震、平成23年(二〇一一年)東日本大震災、長野県北部地震、平成26年(二〇一四年)8月の豪雨(広島県)、平成27年(二〇一五年)9月の関東・東北豪雨(茨

城県）、平成28年（二〇一六年）熊本地震の際には、いずれも、現地事情が許し次第、現場に赴き、犠牲者を悼み、被災者を慰め、救援活動に携わる人々を励まし。その後も、被災地の復興状況に深い関心を寄せ、関係者の報告を受けた。特に東日本大震災関係では、3月から5月にかけ、7週連続で避難所及び被災地を訪問し、被災者を見舞った。

平成7年（一九九五年）11月には雲仙・普賢岳噴火被災地の復興状況を、また、平成11年（一九九九年）8月には北海道南西沖地震の被災地、平成13年（二〇〇一年）4月には阪神・淡路大震災被災地、平成19年（二〇〇七年）10月には平成17年（二〇〇五年）の福岡西方沖地震の被災地、平成20年（二〇〇八年）9月には新潟県中越地震の被災地、平成26年（二〇一四年）11月には平成26年2月大雪被害の被災地（埼玉県）、東日本大震災の被災地には、平成24年（二〇一二年）10月に福島県、平成25年（二〇一三年）7月に岩手県・福島県、平成26年（二〇一四年）7月に宮城県、9月に青森県、平成27年（二〇一五年）3月に宮城県、7月に福島県、平成28年（二〇一六年）3月に福島県・宮城県、9月に岩手県を訪問し、それぞれ復興状況を視察した。

また、平成12年（二〇〇〇年）来、地震、噴火による災害のため離島を余儀なくされた三宅島島民のことを心にかけ、平成13年（二〇〇一年）7月には三宅島を上空より、新島、神津島は現地にて災害状況を視察し、島民を見舞い、また、避難した島民が作業に従事している東京や下田の避難生活支援施設を訪問し、励ました。平成18年（二〇〇六年）3月には、帰島後1年を迎えた三宅島を視察し、島民を励ました。

戦災慰霊

天皇皇后は、戦後50年に先立つ平成6年（一九九四年）には、硫黄島・父島・母島へ、また、戦後50年に当たる平成7年（一九九五年）には、長崎・広島・沖縄・東京（東京都慰霊堂）へ、それぞれ、慰霊のために赴いた。このほか、戦後70年の平成27年（二〇一五年）には、高尾みころも霊堂（産業殉職者慰霊施設）（東京都八王子市）を訪問したほか、東京都慰霊堂（東京都墨田区）、観音崎公園内の戦没船員の碑（神奈川県横須賀市）にも赴いた。

外国訪問

即位後、天皇皇后の外国への公式訪問は、平成3年（一九九一年）にタイ・マレーシア・インドネシア、平成4年（一九九二年）に中華人民共和国、平成5年（一九九三年）にイタリア・ベルギー・ドイツ、平成6年（一九九四年）にアメリカ合衆国、フランス・スペインと続き、阪神・淡路大震災などのために2年国内に留まった後、平成9年（一九九七年）にブラジル・アルゼンチン、平成10年（一九九八年）に英国・デンマーク、平成12年（二〇〇〇年）にオランダ・スウェーデン、平成14年（二〇〇二年）にポーランド、ハンガリー、平成17年（二〇〇五年）にノルウェー、平成18年（二〇〇六年）にシンガポール・タイ、平成19年（二〇〇七年）にヨーロッパ諸国、平成21年（二〇〇九年）にカナダ・アメリカ合衆国（ハワイ州）、平成24年（二〇一二年）に英国、平成25年（二〇一三年）にインド、平成28年（二〇一六年）にフィリピン、平成29年（二〇一七年）にベトナムを訪問した。そのほか、平成5年（一九九三年）の欧州訪問の際にローマ法王とEC委員長を訪ね、その直前には、天皇皇后が長年に渡り親友であったボードワン国王の葬儀に参列のためベルギーに赴いた。また、平成26年（二〇一四年）には、ファビオラ元王妃の葬儀に参列のため皇后がベルギーへ赴いた。

天皇皇后は、戦後60年にあたる平成17年（二〇〇五年）には、アメリカ合衆国自治領北マリアナ諸島サイパン島へ、戦後70年にあたる平成27年（二〇一五年）にはパラオへ、それぞれ、慰霊のために赴いた。天皇皇后が、即位後現在までに公的に訪問した国は28か国になり、即位前から通算すれば51か国を公式に訪問した。これに、いわゆる「お立ち寄り国」を加えれば、天皇皇后が訪問した国は、58か国になる。

各国訪問の際は、その国の元首をはじめとする各界各層の人々と広く会い、各地で、歴史・文化・産業・社会福祉などに関係する多くの施設を訪問している。

伝統文化の継承

和歌は長く皇室の伝統として重んぜられ、天皇皇后は祝いごとや旅行などの折に触れ、歌を詠んだ。宮中では、鎌倉時代中期に始められたと言われる歌会始の儀が毎年1月に行われ、ここでは、全国から詠進された和歌の中から選ばれた十首が、天皇皇后の御製《ぎょせい》・御歌《みうた》などとともに、伝統に則り披講される。天皇皇后の詠んだ和歌は、新年をはじめとする機会に発表されているが、昭和61年（一九八六年）には、成婚25年を祝い、神社本庁の希望によって、それまでに詠んだお二方の歌の一部を編纂した歌集「ともしび」が、また、平成9年（一九九七年）には、出版社の要請により、皇后の歌集「瀬音」が出版され、平成19年（二〇〇七年）には新装版が出版された。歌集「ともしび」は平成3年（一九九一年）に英語に、歌集「瀬音」は、平成18年（二〇〇六年）にフランス語に翻訳された。

毎年1月、天皇皇后は明治2年に遡る講書始の儀に臨み、人文科学、社会科学、自然科学の各分野における学問の権威者から進講を受ける。

そのほか、正倉院や京都東山御文庫などに収蔵されている宝物や御物は勅封によって保存され、また、雅楽、古式馬術などが宮内庁によって継承されている。

稲作

天皇は、我が国の農耕文化の中心である稲作について、昭和天皇の始めた行事を引継いだ。春には種籾をまき、初夏に田植えし、秋には稲刈りをしている。平成28年（二〇一六年）には、二〇〇株の田植えをした。

養蚕

皇后は、昭憲皇太后が明治4年に始めた養蚕を香淳皇后から引継いだ。皇居内の紅葉山御養蚕所で、春から初夏にかけて、掃立て・給桑《きゅうそう》・上蔟《じょうぞく》、繭かきなど養蚕の各段階の作業にたずさわっている。養蚕の期間中皇后は、公務の合間や休日に、しばしば、御養蚕所や桑園へ出て作業をする。長年飼育されて来た品種「小石丸」の生糸は、正倉院宝物の絹織物の復元に最もふさわしい糸であることが確認され、平成6年（一九九四年）からこの品種を増やし、正倉院に送り、これまでに貴重な古代の絁《あしぎぬ》や羅《ら》、綾《あや》、錦《にしき》等の復元がなされた。平成17年（二〇〇五年）には、正倉院と併せて、鎌倉時代の絵巻「春日権現験記絵」（宮内庁三の丸尚蔵館蔵）の表紙裂地の修復のためにも用いられた。

前述の小石丸以外は絹織物として宮中祭祀や外国元首への贈り物等に使用されている。家蚕のほかにも天蚕を野外天蚕室で飼育している。

宮中祭祀

天皇皇后は、皇太子同妃の時代から、宮中三殿（賢所、皇霊殿、神殿）における祭祀を大切にしてきた。古くから伝えられる祭儀を忠実に受け継ぎ、常に、国民の幸せを祈っている。

――主要祭儀一覧――

1月1日
四方拝《しほうはい》　早朝に天皇が神嘉殿南庭で伊勢の神宮、山陵および四方の神々を遙拝する年中最初の行事。
歳旦祭《さいたんさい》　早朝に三殿で行われる年始の祭典。
1月3日
元始祭《げんしさい》　年始に当たって皇位の大本と由来とを祝し、国家国民の繁栄を三殿で祈る祭典。
1月4日
奏事始《そうじはじめ》　掌典長が年始に当たって、伊勢の神宮および宮中の祭事のことを天皇に報告する行事。
1月7日
昭和天皇祭《しょうわてんのうさい》　昭和天皇の崩御相当日に皇霊殿で行われる祭典（陵所においても祭典がある）。

夜は御神楽がある。

1月30日

孝明天皇例祭《こうめいてんのうれいさい》　孝明天皇の崩御相当日に皇霊殿で行われる祭典（陵所においても祭典がある）。

2月17日

祈年祭《きねんさい》　三殿で行われる年穀豊穣祈願の祭典。

春分の日

春季皇霊祭《しゅんきこうれいさい》　春分の日に皇霊殿で行われるご先祖祭。

春季神殿祭《しゅんきしんでんさい》　春分の日に神殿で行われる神恩感謝の祭典。

4月3日

神武天皇祭《じんむてんのうさい》　神武天皇の崩御相当日に皇霊殿で行われる祭典（陵所においても祭典がある）。

皇霊殿御神楽《こうれいでんみかぐら》　神武天皇祭の夜、特に御神楽を奉奏して神霊をなごめる祭典。

6月16日

香淳皇后例祭《こうじゅんこうごうれいさい》　香淳皇后の崩御相当日に皇霊殿で行われる祭典（陵所においても祭典がある）。

6月30日

節折《よおり》　天皇のために行われるお祓いの行事。

大祓《おおはらい》　神嘉殿の前で、皇族をはじめ国民のために行われるお祓いの行事。

7月30日
明治天皇例祭《めいじてんのうれいさい》　明治天皇の崩御相当日に皇霊殿で行われる祭典（陵所においても祭典がある）。

秋分の日
秋季皇霊祭《しゅうきこうれいさい》　秋分の日に皇霊殿で行われるご先祖祭。
秋季神殿祭《しゅうきしんでんさい》　秋分の日に神殿で行われる神恩感謝の祭典。

10月17日
神嘗祭《かんなめさい》　賢所に新穀をお供えになる神恩感謝の祭典。この朝天皇は神嘉殿において伊勢の神宮を遙拝する。

11月23日
新嘗祭《にいなめさい》　天皇が、神嘉殿において新穀を皇祖はじめ神々に供え、神恩を感謝した後、陛下自らも召す祭典。宮中恒例祭典の中の最も重要なもの。天皇自ら栽培した新穀も供える。

12月中旬
賢所御神楽《かしこどころみかぐら》　夕刻から賢所に御神楽を奉奏して神霊をなごめる祭典。

12月23日
天長祭《てんちょうさい》　天皇のお誕生日を祝して三殿で行われる祭典。

12月25日

大正天皇例祭《たいしょうてんのうれいさい》　大正天皇の崩御相当日に皇霊殿で行われる祭典（陵所においても祭典がある）。

12月31日

節折《よおり》　天皇のために行われるお祓いの行事。

大祓《おおはらい》　神嘉殿の前で、皇族をはじめ国民のために行われるお祓いの行事。

御所での生活

天皇皇后は、皇居吹上御苑内にある御所に住んでいる。宮殿での公式行事のほかに、御所においても、公式行事に臨むほか、内外の諸情勢、学術や芸術文化の現状、災害復旧の状況、各種行事や式典の概要などについて、しばしば関係者の進講・説明を受け、懇談の機会を持つ。

なお、皇居勤労奉仕団の人々には、在京の限り必ず皇居内で会い、各地域の近況について話を聞き、ねぎらいの言葉をかける。

資料5　天皇の退位等に関する皇室典範特例法

（趣旨）

第一条　この法律は、天皇陛下が、昭和六十四年一月七日の御即位以来二十八年を超える長期にわたり、国事行為のほか、全国各地への御訪問、被災地のお見舞いをはじめとする象徴としての公的な御活動に精励してこられた中、八十三歳と御高齢になられ、今後これらの御活動を天皇として自ら続けられることが困難となることを深く案じておられること、これに対し、国民は、御高齢に至るまでこれらの御活動に精励されている天皇陛下を深く敬愛し、この天皇陛下のお気持ちを理解し、これに共感していること、さらに、皇嗣である皇太子殿下は、五十七歳となられ、これまで国事行為の臨時代行等の御公務に長期にわたり精勤されておられることという現下の状況に鑑み、皇室典範（昭和二十二年法律第三号）第四条の規定の特例として、天皇陛下の退位及び皇嗣の即位を実現するとともに、天皇陛下の退位後の地位その他の退位に伴い必要となる事項を定めるものとする。

（天皇の退位及び皇嗣の即位）

第二条　天皇は、この法律の施行の日限り、退位し、皇嗣が、直ちに即位する。

（上皇）

第三条　前条の規定により退位した天皇は、上皇とする。

②　上皇の敬称は、陛下とする。

③　上皇の身分に関する事項の登録、喪儀及び陵墓については、天皇の例による。

④　上皇に関しては、前二項に規定する事項を除き、皇室典範（第二条、第二十八条第二項及び第三項並びに第三十条第二項を除く。）に定める事項については、皇族の例による。

（上皇后）

第四条　上皇の后は、上皇后とする。

②　上皇后に関しては、皇室典範に定める事項については、皇太后の例による。

（皇位継承後の皇嗣）

第五条　第二条の規定による皇位の継承に伴い皇嗣となった皇族に関しては、皇室典範に定める事項については、皇太子の例による。

附則

（施行期日）

第一条　この法律は、公布の日から起算して三年を超えない範囲内において政令で定める日から施行する。ただし、第一条並びに次項、次条、附則第八条及び附則第九条の規定は公布の日から、附則第十条及び第十一条の規定はこの法律の施行の日の翌日から施行する。

② 前項の政令を定めるに当たっては、内閣総理大臣は、あらかじめ、皇室会議の意見を聴かなければならない。

（この法律の失効）

第二条　この法律は、この法律の施行の日以前に皇室典範第四条の規定による皇位の継承があったときは、その効力を失う。

（皇室典範の一部改正）

第三条　皇室典範の一部を次のように改正する。

附則に次の一項を加える。

この法律の特例として天皇の退位について定める天皇の退位等に関する皇室典範特例法（平成二十九年法律第六十三号）は、この法律と一体を成すものである。

（上皇に関する他の法令の適用）
第四条　上皇に関しては、次に掲げる事項については、天皇の例による。
一　刑法（明治四十年法律第四十五号）第二編第三十四章の罪に係る告訴及び検察審査会法（昭和二十三年法律第百四十七号）の規定による検察審査員の職務
二　前号に掲げる事項のほか、皇室経済法（昭和二十二年法律第四号）その他の政令で定める法令に定める事項
②　上皇に関しては、前項に規定する事項のほか、警察法（昭和二十九年法律第百六十二号）その他の政令で定める法令に定める事項については、皇族の例による。
③　上皇の御所は、国会議事堂、内閣総理大臣官邸その他の国の重要な施設等、外国公館等及び原子力事業所の周辺地域の上空における小型無人機等の飛行の禁止に関する法律（平成二十八年法律第九号）の規定の適用については、同法第二条第一項第一号ホに掲げる施設とみなす。
（上皇后に関する他の法令の適用）
第五条　上皇后に関しては、次に掲げる事項については、皇太后の例による。
一　刑法第二編第三十四章の罪に係る告訴及び検察審査会法の規定による検察審査員の職務

二　前号に掲げる事項のほか、皇室経済法その他の政令で定める法令に定める事項

（皇位継承後の皇嗣に関する皇室経済法等の適用）
第六条　第二条の規定による皇位の継承に伴い皇嗣となった皇族に対しては、皇室経済法第六条第三項第一号の規定にかかわらず、同条第一項の皇族費のうち年額によるものとして、同項の定額の三倍に相当する額の金額を毎年支出するものとする。この場合において、皇室経済法施行法（昭和二十二年法律第百十三号）第十条の規定の適用については、同条第一項中「第四項」とあるのは、「第四項並びに天皇の退位等に関する皇室典範特例法（平成二十九年法律第六十三号）附則第六条第一項前段」とする。
②　附則第四条第三項の規定は、第二条の規定による皇位の継承に伴い皇嗣となった皇族の御在所について準用する。

（贈与税の非課税等）
第七条　第二条の規定により皇位の継承があった場合において皇室経済法第七条の規定により皇位とともに皇嗣が受けた物については、贈与税を課さない。
②　前項の規定により贈与税を課さないこととされた物については、相続税法（昭和二十五年法律第七十三号）第十九条第一項の規定は、適用しない。

（意見公募手続等の適用除外）

第八条　次に掲げる政令を定める行為については、行政手続法（平成五年法律第八十八号）第六章の規定は、適用しない。
一　第二条の規定による皇位の継承に伴う元号法（昭和五十四年法律第四十三号）第一項の規定に基づく政令
二　附則第四条第一項第二号及び第二項、附則第五条第二号並びに次条の規定に基づく政令

（政令への委任）
第九条　この法律に定めるもののほか、この法律の施行に関し必要な事項は、政令で定める。

（国民の祝日に関する法律の一部改正）
第十条　国民の祝日に関する法律（昭和二十三年法律第百七十八号）の一部を次のように改正する。
第二条中「春分の日　春分日　自然をたたえ、生物をいつくしむ。」を「天皇誕生日　二月二十三日　天皇の誕生日を祝う。春分の日　春分日　自然をたたえ、生物をいつくしむ。」に改め、「天皇誕生日　十二月二十三日　天皇の誕生日を祝う。」を削る。

（宮内庁法の一部改正）
第十一条　宮内庁法（昭和二十二年法律第七十号）の一部を次のように改正する。附則を附則

第一条とし、同条の次に次の二条を加える。

第二条　宮内庁は、第二条各号に掲げる事務のほか、上皇に関する事務をつかさどる。この場合において、内閣府設置法第四条第三項第五十七号の規定の適用については、同号中「第二条」とあるのは、「第二条及び附則第二条第一項前段」とする。

② 第三条第一項の規定にかかわらず、宮内庁に、前項前段の所掌事務を遂行するため、上皇職を置く。

③ 上皇職に、上皇侍従長及び上皇侍従次長一人を置く。

④ 上皇侍従長の任免は、天皇が認証する。

⑤ 上皇侍従長は、上皇の側近に奉仕し、命を受け、上皇職の事務を掌理する。

⑥ 上皇侍従次長は、命を受け、上皇侍従長を助け、上皇職の事務を整理する。

⑦ 第三条第三項及び第十五条第四項の規定は、上皇職について準用する。

⑧ 上皇侍従長及び上皇侍従次長は、国家公務員法（昭和二十二年法律第百二十号）第二条に規定する特別職とする。この場合において、特別職の職員の給与に関する法律（昭和二十四年法律第二百五十二号。以下この項及び次条第六項において「特別職給与法」という。）及び行政機関の職員の定員に関する法律（昭和四十四年法律第三十三号。以下この項及び次条第六項において「定員法」という。）の規

定の適用については、特別職給与法第一条第四十二号中「侍従長」とあるのは「侍従長、上皇侍従長」と、同条第七十三号中「の者」とあるのは「の者及び上皇侍従次長」と、特別職給与法別表第一中「式部官長」とあるのは「上皇侍従長及び式部官長」と、定員法第一条第二項第二号中「侍従長」とあるのは「侍従長、上皇侍従長」と、「及び侍従次長」とあるのは「、侍従次長及び上皇侍従次長」とする。

第三条　第三条第一項の規定にかかわらず、宮内庁に、天皇の退位等に関する皇室典範特例法（平成二十九年法律第六十三号）第二条の規定による皇位の継承に伴い皇嗣となつた皇族に関する事務を遂行するため、皇嗣職を置く。

② 皇嗣職に、皇嗣職大夫を置く。

③ 皇嗣職大夫は、命を受け、皇嗣職の事務を掌理する。

④ 第三条第三項及び第十五条第四項の規定は、皇嗣職について準用する。

⑤ 第一項の規定により皇嗣職が置かれている間は、東宮職を置かないものとする。

⑥ 皇嗣職大夫は、国家公務員法第二条に規定する特別職とする。この場合において、特別職給与法及び定員法の規定の適用については、特別職給与法第一条第四十二号及び別表第一並びに定員法第一条第二項第二号中「東宮大夫」とあるのは、「皇嗣職大夫」とする。

理由

皇室典範第四条の規定の特例として、天皇陛下の退位及び皇嗣の即位を実現するとともに、天皇陛下の退位後の地位その他の退位に伴い必要となる事項について所要の措置を講ずる必要がある。これが、この法律案を提出する理由である。

明石元紹（あかし もとつぐ）今上天皇をもっともよく知る級友のひとり。1934年、東京生まれ。幼稚園時代から明仁親王の遊び相手となり、学習院初等科では一緒に日光へ疎開した。戦後、高等科では馬術部のチームメイトとして、3年間を過ごす。陛下のご結婚後もポロやテニスなどを通じて、親交がある。著書に『今上天皇　つくらざる尊厳』（講談社）がある。

小田部雄次（おたべ ゆうじ）静岡福祉大学教授。近代皇室研究の第一人者。1952年、東京生まれ。立教大学文学研究科博士課程満期退学。専門は、日本近現代史。皇族や華族に関わる資料を発掘し、綿密に分析している。著書に、『梨本宮伊都子妃の日記』（小学館）、『李方子』（ミネルヴァ書房）、『近現代の皇室と皇族』『昭和天皇実録評解』1、2（ともに敬文舎）ほか多数。

君は天皇をどうしたいのかね？

2017年8月8日　第1版 第1刷発行

著　者　明石元紹／小田部 雄次
発行者　柳町 敬直
発行所　株式会社 敬文舎
〒160-0023　東京都新宿区西新宿3-3-23
ファミール西新宿405号
電話　03-6302-0699（編集・販売）
URL　http://k-bun.co.jp
印刷・製本　中央精版印刷株式会社

　Printed in Japan ISBN978-4-906822-74-4